MEMÓRIAS DE UMA CONSCIÊNCIA RESILIENTE

Editora Appris Ltda.
1.ª Edição - Copyright© 2023 da autora
Direitos de Edição Reservados à Editora Appris Ltda.

Nenhuma parte desta obra poderá ser utilizada indevidamente, sem estar de acordo com a Lei nº 9.610/98. Se incorreções forem encontradas, serão de exclusiva responsabilidade de seus organizadores. Foi realizado o Depósito Legal na Fundação Biblioteca Nacional, de acordo com as Leis nos 10.994, de 14/12/2004, e 12.192, de 14/01/2010.

Catalogação na Fonte
Elaborado por: Josefina A. S. Guedes
Bibliotecária CRB 9/870

D779m 2023	Dries, Silda Memórias de uma consciência resiliente / Silda Dries. 1. ed. – Curitiba : Appris, 2023. 207 p. ; 21 cm. Inclui referências. ISBN 978-65-250-4498-9 1. Autobiografia. 2. Resiliência. 3. Consciência. I. Título. II. Série. CDD – 808.06692

Livro de acordo com a normalização técnica da ABNT

Appris
editora

Editora e Livraria Appris Ltda.
Av. Manoel Ribas, 2265 – Mercês
Curitiba/PR – CEP: 80810-002
Tel. (41) 3156 - 4731
www.editoraappris.com.br

Printed in Brazil
Impresso no Brasil

Silda Dries

MEMÓRIAS DE UMA CONSCIÊNCIA RESILIENTE

FICHA TÉCNICA

EDITORIAL	Augusto Vidal de Andrade Coelho
	Sara C. de Andrade Coelho
COMITÊ EDITORIAL	Marli Caetano
	Andréa Barbosa Gouveia (UFPR)
	Jacques de Lima Ferreira (UP)
	Marilda Aparecida Behrens (PUCPR)
	Ana El Achkar (UNIVERSO/RJ)
	Conrado Moreira Mendes (PUC-MG)
	Eliete Correia dos Santos (UEPB)
	Fabiano Santos (UERJ/IESP)
	Francinete Fernandes de Sousa (UEPB)
	Francisco Carlos Duarte (PUCPR)
	Francisco de Assis (Fiam-Faam, SP, Brasil)
	Juliana Reichert Assunção Tonelli (UEL)
	Maria Aparecida Barbosa (USP)
	Maria Helena Zamora (PUC-Rio)
	Maria Margarida de Andrade (Umack)
	Roque Ismael da Costa Güllich (UFFS)
	Toni Reis (UFPR)
	Valdomiro de Oliveira (UFPR)
	Valério Brusamolin (IFPR)
SUPERVISOR DA PRODUÇÃO	Renata Cristina Lopes Miccelli
ASSESSORIA EDITORIAL	Letícia Gonçalves Campos
REVISÃO	Bruna Fernanda Martins
	Daniela Aparecida Mandú Neves
PRODUÇÃO EDITORIAL	William Rodrigues
DIAGRAMAÇÃO	Renata C. L. Miccelli
CAPA	Mateus Porfírio

SUMÁRIO

PRIMEIRA PARTE

1
AS RAÍZES..16

2
UMA AMIGA INVISÍVEL..19

3
MUDANÇA INESPERADA...23

4
UMA NOVA FAMÍLIA...27

5
VOLTA ÀS ORIGENS...38

6
UMA PAUSA NA TURBULÊNCIA...49

7
RELACIONAMENTOS...58

8
DESCOBERTAS...68

9
MUDANÇA DE RAMO...80

10
ENFRENTANDO DESAFIOS...87

SEGUNDA PARTE

11
PARADIGMA CONSCIENCIAL 96

12
EVOLUCIOLOGIA 106

13
RELATOS PROJETIVOS 110
   PROJEÇÕES RELACIONADAS AOS FENÔMENOS
   PSICOFISIOLÓGICOS 110
   1. Experimentando a Catalepsia Projetiva (02/07/2003) 110
   2. A Dança dos Cabides (06/10/2004) 111
   3. A Elasticidade do Psicossoma (23/04/2014) 113
   PROJEÇÕES RELACIONADAS AO ESCLARECIMENTO 114
   4. Grupo de Alunos Inscritos no Extrafísico (16/02/2010) 114
   5. Palestra Extrafísica Para Mulheres (23/11/2010) 115
   6. Palestra Inesperada (17/04/2008) 117
   7. O Que é Um Serenão? (01/03/2003) 118
   PROJEÇÕES RELACIONADAS À ASSISTENCIALIDADE 121
   8. No Laboratório da Tenepes (06/02/2001) 121
   9. O Terceiro Dia de Tenepes (09/05/2001) 122
   10. Acoplamento com o Amparo (11/12/2001) 123
   11. Aplicando Várias Técnicas (18/01/1997) 125
   12. Defesa Contra o Assédio (03/12/2000) 128
   13. Ônibus Voador (08/12/2008) 129
   14. Consciexes na Linha de Montagem (23/09/2003) 130
   15. Assistência na Estação de Trens (21/08/2021) 131
   16. Corredor Energético (28/10/2000) 133
   17. No Túnel Para o Futuro (15/04/2001) 134

14
REENCONTROS 138
   PROJEÇÕES DE ASSISTÊNCIA ÀS CONSCIÊNCIAS CONHECIDAS .. 138

18. O Resgate de Alguém do Passado (06/08/2006) 138
19. Emocionalismo Exacerbado (29/06/2009) 141
20. Monitorando a Consciex (27/07/2009) 142
21. Grata Presença (14/10/2009) 143
22. Reencontro com um Cunhado (11/12/2009) 146
23. Depoimento (01/03/2007) 147
24. Uma Reconciliação (19/12/2001) 148
RELATOS EM QUE FOI POSSÍVEL CONFIRMAR DETALHES
DA VIVÊNCIA NA DIMENSÃO INTRAFÍSICA 150
25. Uma Visita Inesperada (19/10/1996) 150
26. Encontrando um Alvo Mental (24/11/1998) 153
27. Filme sobre a Revolução Francesa (03/01/2005) 155

15
RETROCOGNIÇÃO 157
28. Abandonados em uma Ilha (05/07/2003) 158
29. Presente e Passado na Mesma Vivência (13/05/2001) 160
30. A Fotografia de um Serenão (16/10/1999) 163

TERCEIRA PARTE

16
APRENDIZADOS E RESGATES 166

17
UMA PÁGINA EM BRANCO 180

18
DE VOLTA À PESQUISA 190

REFERÊNCIAS 196

NEOLOGISMOS E DEFINIÇÕES 201

PREFÁCIO

Imagine ter em mãos milhares de peças de um quebra-cabeças com imagens representativas de sua vida. Você começa a fazer um balanço dos acontecimentos, a fim de encaixá-las melhor, agora que adquiriu experiências e se capacitou para fazer isso de forma mais sensata, compreendendo as inter-relações num grau maior de distanciamento emocional do momento no qual tudo aconteceu.

Pois bem, a maturidade trouxe à Silda a vontade e a urgência de remexer no passado e registrá-lo, para gravar em sua memória integral (holomemória) os diferentes aprendizados na superação das dificuldades. Fazer um balanço a fim de orientar a completude de suas experiências nessa vida. Analisar o quanto se sente realizada com as tarefas executadas ou se ainda tem algo em que necessita deixar gravado seu exemplarismo.

Ela trilhou um caminho, com muitos percalços e relacionamentos complicados, situações herdadas de si mesma segundo a lei da evolução. Fez as reconciliações necessárias e preparou um futuro melhor aperfeiçoando sempre o próprio temperamento, para obter novas respostas aos velhos problemas.

Hoje, pensando na sua trajetória e fazendo um exercício de imaginação, ela se faz algumas perguntas, tais como: *"será que eu gostaria de ser o que eu teria me tornado se tivesse continuado a viver tranquilamente em uma remota colônia de agricultores?"*.

E reconhece que, se não tivesse sido obrigada a essa primeira grande mudança e passado por tantos obstáculos, privações, contratempos, os quais lhe permitiram desenvolver e fortalecer traços positivos para capacitar-se na administração de sua vida, ela não teria se tornado a pessoa que é hoje.

Sua história nos mostra uma menina resiliente e corajosa que se transforma numa adolescente persistente, disciplinada, organizada, sem medo do trabalho pesado, e, mais tarde, numa mulher com insaciável desejo pelo estudo, por novos conhecimentos, esforçando-se para recuperar o tempo perdido por meio do autodidatismo. Ela nos mostra o caminho empreendido na busca de ideias para sanar suas dúvidas existenciais e seu medo maior – o da morte.

Descobriu a tempo que a "vida" da consciência é ininterrupta, em eterna evolução, apenas intercalando períodos na dimensão física e não física. Os atos realizados nesta existência servem de indicador de como será o próximo passo, o futuro evolutivo, e apontam a conexão com todos os envolvidos nesse passado.

A partir da busca pela espiritualidade foi deixando a religião pelo caminho. A partir do momento que se deparou com a existência do parapsiquismo, Silda passou a investir com vontade firme na aplicação de técnicas para estar apta a colher informações extrafísicas sobre si mesma, sobre o mecanismo da vida, mediante a projeção consciente, e descobriu a importância de esclarecer a outras consciências envolvidas nessa mesma busca – isso tudo devidamente registrado, também no seu livro anterior, *Teoria e Prática das Experiências Fora do Corpo*.

Toda obra escrita representa uma auto-herança e a possibilidade de dar continuidade ao trabalho e aos interesses dessa vida numa próxima, podendo acontecer o *autorrevezamento multiexistencial*, esse entrosamento de atividades de uma vida para outra, meta da consciência, realmente, empenhada na evolução.

Uma obra também é uma maneira de mostrar às consciências como cortar caminho e melhorar seu desempenho evolutivo por meio de exemplos e comparações com as vivências de outra pessoa.

Esse é o legado corajoso da autora para todos nós.

Vera Hoffmann
Autora do livro Sem medo da Morte

APRESENTAÇÃO

A inspiração para escrever este livro nasceu da vontade de compensar um tempo que foi planejado para a realização de mais um projeto ligado à tarefa do esclarecimento, um curso extracurricular referente ao livro *Teoria e Prática da Experiência Fora do Corpo* obrigado a ser deixado de lado, pois havia outra programação prioritária para ser cumprida ainda nesta vida física.

Durante um longo período, dediquei-me à assistência específica ao parceiro de toda uma vida e a outros aprendizados como: o exercício da paciência, da tolerância, do valor do diálogo, da preponderação da observação sobre a palavra (ouvir mais do que falar).

Descobri que, na falta de alguém para compartilhar os problemas e os sentimentos, a escrita é um ótimo recurso para coordenar as ideias, trazer a acalmia necessária para prosseguir nas tarefas prioritárias, sem esmorecer e sem duvidar da presença constante do amparo.

Depois de 14 anos de relação estreita com a Projeciologia, uma das especialidades da Conscienciologia, ficar fora do estudo, da pesquisa, da convivência com os colegas evolutivos foi muito desconfortável, para dizer o mínimo, pois o mais difícil mesmo era a falta de interação com os alunos.

Não considero o período de afastamento das atividades da Conscienciologia perda de tempo. Muito antes, pelo contrário. Observando e assistindo meu paciente, vítima de Alzheimer, passei a analisar o comportamento, o tamanho, o conteúdo da minha própria memória.

Como seria ter a mente vazia?

Ao começar a registrar algumas lembranças, constatei a enormidade do espaço ocupado em nossa mente com a realidade intrafísica do momento presente.

Também foi possível notar, observar, descobrir e reconhecer a eficiência do mais sofisticado órgão com o qual somos equipados: o cérebro humano. Quanto mais me esforçava para acessar os arquivos da minha memória, mais o cérebro respondia positivamente trazendo fatos à tela mental.

Escrever minhas memórias era algo muito útil no período que estava vivendo e podia ser feito sem deixar de dar toda a atenção ao paciente. Constituía-se em ginástica cerebral necessária em todos os sentidos. Basta lembrar a necessidade de uma memória treinada para a rememoração das vivências de projeções lúcidas, o quanto ela pode ajudar também na obtenção de lucidez extrafísica.

O corpo físico é o veículo mais transitório utilizado pela consciência neste planeta, contudo, ele é dotado de mecanismos que imprimem em nossa memória integral (parte da nossa essência imortal) tudo o que for imprescindível para ser posto em prática no momento certo. Precisamos considerar que, até mesmo, nossa programação existencial, nosso completismo, em parte, depende de uma memória ágil e bem treinada.

Passei por um longo recesso projetivo na fase mais crítica do período de afastamento das atividades da Conscienciologia. Escrever minha biografia ajudou bastante no processo da superação do recesso, pois foi justamente quando tive uma projeção consciente em que me percebi fazendo assistência, tal qual nos relatos do meu livro *Teoria e Prática da Experiência Fora do Corpo*.

Seria possível, ao dormir, continuar a ter lucidez extrafísica a ponto de fazer assistência mesmo sem rememoração?

O processo de estimular a memória poderia ter alguma coisa a ver com isso? Tudo indica que sim. O fato é que, ao procurar meus diários de vivências projetivas para registrar o evento, voltei a ler relatos arquivados antes do recesso.

Fiquei muito preocupada com a riqueza do material engavetado. Em caso de dessoma, certamente tudo se perderia. Pensar em me expor com a publicação da biografia, no entanto, me amedrontava. A ideia ia e voltava. Eu encontrava dezenas de razões para não publicar e outros tantos motivos para publicar.

Finalmente, decidi não me arriscar a entrar em uma melancolia extrafísica (melex) depois de desativar o corpo físico.

Assentada na autopesquisa para a evolução pessoal e assistencialidade, promovidas pela Conscienciologia e pela Projeciologia (que pesquisa, estimula e promove técnicas para a projeção consciente), consegui provar para mim mesma a inexistência da morte. Apenas descartamos o corpo físico, um dos veículos dos quais somos constituídos, tal qual nos despimos de uma roupa já sem serventia. Permanecemos os mesmos seres, apenas passamos a utilizar veículos mais sutis e de acordo com a dimensão em que nos encontramos, nossa procedência e verdadeiro lar.

Mantenho a convicção da importância dos relatos de vivências extrafísicas, pois esclarecimento é assistência.

A autora

Porto Alegre, dezembro de 2022

sildacdries@gmail.com

PRIMEIRA PARTE

I

AS RAÍZES

Quando renascemos neste planeta, esquecidos das inúmeras vezes que já andamos por aqui em outras vidas, não conseguimos entender as causas das adversidades que somos obrigados a enfrentar, principalmente nas fases mais críticas quando nos sentimos completamente desamparados.

Enquanto não ampliamos nossa visão sobre quem somos, de onde viemos, o que estamos fazendo aqui, para onde vamos ao descartar esse corpo que serve de abrigo à nossa consciência, sequer nos questionamos se existe uma causa, um propósito para que tudo aconteça de determinada maneira, por mais que seja contra nossa vontade.

Quase sempre nos consideramos vítimas do destino, que, afinal de contas, é o culpado; contudo chega um tempo em que a inconformidade transborda e sentimos uma necessidade premente de entender por que algumas sincronicidades parecem nos conduzir por determinados caminhos.

Por meio da minha biografia compartilho com vocês, leitores, meus erros e acertos na caminhada em busca do autoconhecimento, das adversidades enfrentadas e como terminei descobrindo um novo paradigma — o Paradigma Consciencial, cujo objeto de pesquisa somos nós mesmos. Ele me proporciona uma forma diferente de encarar os percalços, obter respostas para as minhas dúvidas e, assim, cumprir minha programação de vida de maneira mais inteligente e com menos sofrimento.

Eu nasci no 8.º Distrito de Montenegro, no estado do Rio Grande do Sul, Brasil, em uma pequena localidade, atualmente chamada de Morro Canastra, no município de São Vandelino.

Décima terceira filha de um casal de colonos de origem alemã, que na época já não esperavam ter mais filhos. Já possuíam cinco netos e minha mãe, Emília Dries, já contava 48 anos de idade.

Ambos com a saúde debilitada devido às dificuldades enfrentadas com a pobreza e o árduo trabalho na lavoura para conseguir tirar o sustento e a sobrevivência da família na pequena e pouco valiosa propriedade encravada na encosta de um morro com a terra pedregosa e pouco fértil.

Meu pai, Valentim Dries, sofria de problemas digestivos desde que me lembro e quando eu contava cinco anos de idade o problema agravou-se de tal forma que foi aconselhada uma intervenção cirúrgica na tentativa de amenizar as dores que lhe tiravam completamente as forças, todavia, os parcos recursos existentes nos hospitais do interior do estado já não puderam fazer muita coisa por ele.

As mais remotas lembranças que me acompanham trazem a expectativa da chegada dele em casa depois de longa internação em que minha mãe dia após dia reunia a família e os vizinhos em novenas e orações pela recuperação do marido.

Não me sai da memória a imagem dele sendo trazido deitado sobre um cobertor no fundo de um rústico carro de bois, gemendo de dor cada vez que as rodas revestidas de ferro do veículo passavam sobre pedras, valetas e cocurutos da péssima estradinha que só dava mesmo passagem a cavalos e carretas de boi, única via de acesso à nossa casa.

Ele não se recuperou mais e, alguns dias depois, eu acompanhei, muito assustada, a casa se encher de vizinhos, dos filhos casados que moravam longe chegando e se reunindo na sala para rezar em voz alta enquanto minha mãe em total desespero, ao lado do seu leito de agonia, tentava trazê-lo de volta chamando-o baixinho. O débil gemido da resposta ficava cada vez mais fraco.

Nesse momento, alguém me carregou no colo sob veementes protestos, pois não queria sair de perto dos meus pais. Fui levada para alguma casa que não era a nossa.

Todos esses fatos me marcaram profundamente, mas na inocência dos meus cinco anos não entendia muito bem a extensão e o que tudo aquilo significava.

Tenho flashes de memória do cortejo fúnebre sendo levado, novamente de carro de boi, para o cemitério no centro da vila de São Vendelino, a chegada na igreja para a missa de corpo presente, as flores e alguns outros pequenos detalhes, todavia teve um fato que foi extremamente traumático, que me leva de mente e alma de volta até aquele inesquecível 23 de outubro.

Quando colocaram o caixão naquele buraco recém-aberto de barro vermelho, vertendo água, e começaram a jogar pás de terra por cima, foi demais. Os ruídos ocos dos blocos de terra batendo no caixão ressoam nos meus ouvidos como se tivesse sido ontem.

Eu chorava e pedia que não fizessem aquilo com meu pai. Tiveram que me levar embora, mas, enquanto me afastavam, o som dos torrões de terra cobrindo o caixão me acompanhava, assim como me acompanha até hoje, e esse foi o primeiro fato que causou, talvez, a maior mudança inesperada na minha jovem vida.

2

UMA AMIGA INVISÍVEL

Não se pode dizer que eu era uma criança sozinha, pois vivia rodeada de adultos enquanto morava na casa onde nasci, com meus pais e irmãos, contudo era muito solitária. Por conta disso permanece na minha lembrança o primeiro mistério. Eu nunca brincava sozinha, sempre estava comigo uma menina adolescente que eu chamava de Titita. Para mim ela era muito real, tão real que, mesmo depois de tantos anos, sua imagem está nitidamente gravada em minha memória.

Eu não lembro a idade que eu tinha, mas me recordo exatamente do dia em que procurei por ela e não a encontrei mais. Sentia muita falta da amiguinha e continuei procurando-a por muito tempo, principalmente quando me sentia sozinha. Perguntei por ela e descobri que ninguém sabia quem era Titita.

Os adultos, curiosos, perguntaram quem era a menina. Eu ficava muda, sem saber o que dizer ou pensar e me afastava, mas não me conformava. Procurava por ela nos lugares onde tínhamos estado juntas e às vezes chamava por ela em voz alta, mas ela nunca mais apareceu.

Hoje em dia já existe a teoria de que crianças solitárias criam um "amigo imaginário" para substituir os amiguinhos de carne e osso. Para mim, ela era muito real. Como explicar que mesmo crianças com muitos amiguinhos e irmãos ficam tagarelando com alguém invisível tal qual acontecia com minha neta, pois além dos seus dois irmãos sempre tinha alguém a quem ela oferecia doces e convidava para sentar-se à mesa com ela e fazer as refeições?

Além do episódio de Titita, algumas vivências fazem parte das minhas lembranças mais remotas e que jamais consegui explicar ou imaginar a origem delas.

Sei que até os cinco anos de idade nunca saí do lugar onde nasci, contudo algumas cenas afloram na minha memória ainda hoje e tenho a sensação de que nasceram comigo.

Em uma delas, me vejo com várias pessoas em um lugar (hoje sei que é uma praia) de areia muito clara, porém grossa, como areia de rio. Estamos nesse lugar entre a água e um muro feito de pedras marrons, que separa a praia de uma rua. Do outro lado, a centenas de metros de distância da praia, dentro da água, há uma estrutura enorme. Não é uma ilha, pois não há terra em volta, apenas armação de madeira ou ferro, não sei exatamente do que se trata. Estou com um grupo de pessoas como se fosse um piquenique. Me sinto feliz e muito à vontade com aquelas pessoas.

Lembro que, às vezes, eu sentia algo indefinível em relação a esse lugar, mas não havia referências em meu pequeno cérebro para fazer perguntas. Eu nunca tinha visto uma praia, nem areia, nem um rio tão largo, então não perguntei nada antes de conhecer todas essas referências.

Uma outra cena é a sala de uma casa térrea, cuja porta dá diretamente para uma rua tranquila de bairro residencial com calçada de pedras. É possível ver que as casas são todas quase iguais.

Alguém da família mora na mesma rua a uma pequena distância, tanto que dá para ver a iluminação da outra casa, pois é noite e parece que está havendo uma festa lá. Percebo pessoas (naquele momento são encaradas como familiares, contudo, ao acordar, não consigo associá-las com ninguém da minha família) levando pratos da casa onde estou para a outra. Ao acordar, mais uma vez a estranheza do cenário que não consigo entender. Eu jamais havia visto uma rua calçada de pedras, muito menos com algum tipo de iluminação pública.

Nas duas cenas, eu sou uma menina de mais ou menos oito anos, talvez um pouco menor na cena da praia.

Depois de crescida e já morando em Porto Alegre, eu questionei minha mãe e minhas irmãs sobre esses dois lugares, mas elas só respondiam que aquilo nunca tinha existido, diziam que eu tinha sonhado, mas a verdade é que as cenas permanecem na minha memória. Já tentei descobrir por meio de meditação, projeção consciente, mas até agora nada relevante apareceu.

Minha hipótese hoje é de que são retalhos de lembranças de uma vida passada que permanecem na memória, com total nitidez, desde antes de completar cinco anos de idade

Aparentemente, os fatos corroboram uma das premissas básicas do Paradigma Consciencial, a Serialidade: Nós não passamos apenas por uma existência física, mas por uma série de vidas sucessivas ao longo do nosso processo evolutivo, em períodos alternados entre a dimensão física e a extrafísica.

Após a morte do pai da família, minha mãe se viu sozinha com dois adolescentes e uma criança sem ter condições de providenciar o sustento deles.

Nenhum dos filhos mais velhos tinha condições financeiras de assumir a responsabilidade da propriedade pouco rendosa.

A minha mãe foi então convencida a vender a propriedade e, claro, dividir o dinheiro com todos e ir morar em outro município distante com o filho mais velho e sua grande família.

Meu irmão administrava um moinho e sua esposa era parteira. Moravam em uma casa grande. Genioso e um tanto mesquinho, premido pelas próprias necessidades, logo exigiu ser ressarcido das despesas com mais quatro bocas para alimentar além de seus cinco filhos.

Minha mãe assumia todos os serviços domésticos e cuidava dos netos, além de nós, seus filhos. Quando as discussões começaram, minha irmã adolescente foi encaminhada para trabalhar como empregada doméstica para uma família conhecida da região e meu jovem irmão, com dificuldades para encontrar trabalho remunerado na colônia, pediu ajuda à irmã mais velha, casada, moradora da capital do estado. Ela conseguiu um trabalho de auxiliar de cozinha em conceituado restaurante da cidade para ele.

Apesar da diminuição das despesas com a saída dos dois adolescentes, o clima de tensão não diminuiu e eu via minha mãe frequentemente com os olhos vermelhos de chorar escondida, pois era constantemente atormentada pelo filho por qualquer ninharia. Eu tinha medo do meu irmão e procurava sempre ficar longe para não ser motivo de problemas para minha mãe, contudo entendia e ficava ressentida de ver ela sofrendo.

3

MUDANÇA INESPERADA

Quando a situação estava insustentável, aconteceu nova mudança na minha vida e na da minha mãe, totalmente sem planejamento e sem nossa vontade, como se alguma mão invisível tivesse escrito o roteiro para que mais uma etapa necessária se cumprisse.

Minha irmã mais velha chegou, de carro, para nos buscar. Minha mãe chorava, pois não queria se indispor com o filho mais velho, por temer a vida na cidade grande e principalmente por não conseguir se comunicar por meio do idioma português. Só falava alemão.

Para mim, a viagem foi uma festa.

Minha irmã tinha um bebê, um menino lindo com pouco mais de um ano, que me deixou encantada, e um menino de 11 anos. Minha irmã era uma pessoa lutadora, ambicionava uma vida melhor para si e sua família.

O marido não estava dando conta de sustentar a todos, então ela havia conseguido um trabalho de recepcionista em um consultório médico e essa foi a razão de ter ido nos buscar na colônia. Precisava de alguém de confiança para cuidar da casa e dos filhos. Claro que não encontrou ninguém melhor do que a mãe. A pessoa que faria tudo em troca de casa e comida.

Por algum tempo as coisas pareciam tranquilas. Via meu irmão com frequência e mais duas irmãs que também trabalhavam e moravam na capital.

Eu adorava brincar com o bebê e com o mais velho, que gostava muito de debochar por causa do meu medo dos bondes, transporte mais comum naquela época. Eu tinha verdadeiro pavor daqueles monstros esquisitos e barulhentos. Recusava-me terminantemente a entrar em um, até que um dia meu cunhado inadvertidamente me pegou no colo e subimos em um dos bondes mais barulhentos da cidade. Eu olhei em volta e concluí que visto pelo lado de dentro ele não parecia tão ameaçador assim e o medo acabou.

Quando eu completei seis anos, as coisas começaram a se complicar novamente. Eu não podia ver uma revista ou jornal que ia atrás de alguém para me dizer o que aqueles rabiscos queriam dizer. Ficava fascinada vendo uma pessoa ler em voz alta.

Aparentemente ali já se manifestava um dos meus maiores trafores ou virtude: a curiosidade.

Logo chegaria minha vez de ir para uma escola, o que significava gastos com uniforme e material escolar, justamente em um momento em que as despesas haviam aumentado bastante com o pagamento das prestações de um terreno que a irmã havia conseguido comprar.

Voltei a ver minha mãe triste e com os olhos vermelhos. Minha irmã mostrava-se sempre irritada, de péssimo humor, e quando falava com a mãe era sempre com rispidez e críticas.

Eu era uma criança introspectiva, com a sensibilidade à flor da pele. Percebia que alguma coisa estava errada, mas não perguntava nada.

Logo minha irmã começou a aparecer com um jornal debaixo do braço quando chegava do trabalho e a primeira coisa que fazia era sentar-se à mesa para uma leitura minuciosa.

Geralmente quando ela terminava a leitura seu humor estava ainda pior. Às vezes, eu a via recortando pequenos quadrados do jornal que ela guardava cuidadosamente em sua carteira.

Em um sábado, pela manhã, ela mandou que minha mãe me arrumasse para sair. Eu fiquei toda feliz até o momento em que vi o rosto da minha mãe molhado de lágrimas. Pressenti que alguma coisa muito ruim ia acontecer.

Minha irmã me levou à casa de pessoas desconhecidas, conversou, e voltamos para casa.

Esse fato se repetiu algumas vezes, sempre em lugares e pessoas diferentes, e por mais que eu perguntasse, ela apenas respondia que eram pessoas conhecidas. Eu continuava sem saber quem eram aquelas pessoas e o que era dito, pois não entendia uma palavra de português.

Eu sentia a tensão crescer cada vez mais na casa. Até mesmo meu sobrinho deixou de brincar comigo. Pegava sua bola e saía para a rua.

Meu cunhado, que tinha nascido na Alemanha e gostava de conversar com minha mãe, andava mudo e procurava se distrair com o bebê. Eu, assustada, me enfiava em algum canto para não ser percebida, até certo domingo, depois de mais uma saída com minha irmã no dia anterior.

Houve uma briga entre minha mãe e minha irmã. Foi assustador, pois eu nunca tinha visto minha mãe brava e muito menos discutindo. Ela era o tipo de pessoa que ao ser contrariada se enfiava sozinha em algum lugar para chorar. Depois da briga, minha mãe foi para o quartinho dela e minha irmã foi fazer o almoço.

Quando a comida foi servida, todos foram para a mesa, inclusive a mãe. Havia lugar e pratos para todos, menos para mim. Ninguém falou uma palavra durante toda a refeição. Minha mãe, sentada diante do prato vazio, só fazia chorar.

Pela primeira vez, me senti profundamente afetada. Estava com medo e, para não chorar na frente de todos, fui me deitar na cama da mãe, no quartinho.

À tarde, toda a família se preparou para sair. Foram limpar o famoso terreno que futuramente deveria receber a sonhada casa da minha irmã. Minha mãe, apesar da dificuldade do idioma, do medo de sair na rua, me pegou e fomos procurar um mercadinho para comprar leite, bananas e pãozinho doce para meu almoço.

A procura nos classificados e as estranhas visitas continuaram até uma tarde em que fui levada a um sobrado para conhecer um casal de idosos. A conversa, como sempre, em português, até que de repente o homem deu uma risada e falou em alemão comigo. Apesar da minha timidez, poder finalmente falar com uma pessoa no meu idioma me deixou um pouco mais à vontade e eu respondia com tranquilidade às perguntas que ele me fazia. Sua esposa assistia e parecia encantada de me ver falando alemão.

Minha irmã saiu dali e já parecia outra pessoa, tinha mudado de humor, parecia feliz. Ao chegar em casa junto da mãe é que eu fui informada do que realmente estava acontecendo e então meu mundo caiu.

4

UMA NOVA FAMÍLIA

Minha mãe deveria arrumar minhas poucas peças de roupa, pois eu seria levada para morar com aquele casal de idosos a partir do dia seguinte. Seria criada por eles, com a promessa de me darem casa e comida. Deveria ser obediente e carinhosa, principalmente com a senhora. Poderia chamá-los de tios, ganharia roupas novas e logo iria para a escola. Minha mãe receberia uma pequena mesada.

Apresentava-se mais uma mudança não planejada e menos ainda desejada na minha vida.

Eu não falava português, passava os dias sozinha com "tia Matilde", pois o tio saía pela manhã e só retornava à noite, e mesmo assim podia trocar apenas algumas poucas palavras com ele. Sendo já bastante idoso, estava sempre cansado.

Imagine uma criança tímida, vinda de um lugar pequeno, que nunca tinha passado um dia longe de sua mãe e de familiares próximos ser repentinamente colocada em uma casa estranha, onde deveria passar o dia com uma "tia" com quem não podia se comunicar pela diferença de idiomas.

Nas horas em que a "tia" dormia depois do almoço eram os momentos mais solitários, mas pelo menos eu podia chorar, e chorava muito de saudade da mãe e do bebê, pois minha única distração era ficar na sacada vendo o movimento da rua. A Avenida João Pessoa era uma das principais avenidas da cidade na época.

Haviam feito a cruel combinação de que, nas primeiras semanas, eu não poderia ver minha mãe para acostumar com a nova vida, então eu ia para a cama muito cedo somente para poder chorar sem ser vista.

O único fato positivo é que aprendi a falar português em poucas semanas. Foram momentos dolorosos e inesquecíveis, contudo o ser humano tem uma incrível capacidade de adaptação e as crianças ainda mais do que os adultos, muito embora fiquem marcas na personalidade da pessoa pelo resto da vida.

Apesar de os hábitos do casal serem muito diferentes dos meus, eu era muito bem tratada; e, como estávamos na metade do ano letivo, a tia Matilde contratou uma jovem vizinha para começar a introduzir as primeiras letras e números. Esses eram os momentos mais aguardados do dia. A jovem Maria da Gloria era muito educada e pacienciosa comigo, e além das aulas ajudou muito na aprendizagem do idioma.

Durante muito tempo na casa do casal, as únicas pessoas com as quais interagi foram Maria da Gloria e o casal de idosos, e logo me afeiçoei a eles, principalmente à tia Matilde. Eu, na verdade, era uma companhia para ela que não convivia com parentes próximos. O marido passava os dias fora e não cultivavam amizades, pois ela era extremamente desconfiada de que as pessoas pudessem lhe fazer algum mal.

Ela tinha um único filho, de um relacionamento anterior, casado, que vivia no Rio de Janeiro. Hoje entendo que procuravam uma criança para criar justamente por ela ser uma pessoa bastante solitária.

O que me causa estranheza é saber que naquele tempo era natural as pessoas obterem a guarda de uma criança sem autorização dos pais, colocarem anúncios nos jornais para escolher o tipo e a idade que queriam, como um negócio qualquer. Quem sabe até registrar como filhos.

Logo ganhei muitas roupas lindas, pois um dos prazeres da tia era me levar às lojas de roupas infantis para me ver bem-vestida. Fui levada a um salão para cortar os cabelos e a um estúdio fotográfico para ser fotografada.

Quando finalmente fui levada para rever minha mãe, a família inteira ficou admirada com a mudança da minha aparência. Todos, inclusive minha irmã, disseram que eu parecia uma princesa.

Minha mãe, que me abraçava chorando, ficou extasiada com minhas roupas, creio mesmo que ver minha mudança, saber que eu tinha uma professora e que estava sendo muito bem tratada foi um grande lenitivo para ela. Muito embora sofrendo com saudades, ela reconhecia que eu estava melhor com o casal do que enfiada naquele porão escuro onde minha irmã morava, sem perspectivas de sequer frequentar uma escola.

Matilde adorava cinema. Aprendi com ela a gostar de ver filmes. Ela comprava álbuns sobre os grandes atores da época e me ajudava a colecionar as figurinhas que vinham recheadas de informações sobre filmes e atores. Tia Matilde também me introduziu ao mundo espiritual.

Como não cultivavam amizades, as únicas pessoas que ela visitava com frequência eram algumas cartomantes. Eu gostava muito de acompanhá-la a esses lugares, especialmente de duas delas. Dona Carmelita e Dona Odete.

Eu nunca participava das consultas, mas Dona Carmelita tinha duas netinhas da minha idade e, enquanto durava a conversa reservada, eu ficava brincando com as meninas.

Dona Odete era consultada com mais frequência por residir próximo à sua casa. A mulher tinha cinco ou seis filhas de variadas idades, mas apenas uma, chamada V., estava mais próxima da minha idade e logo se tornou minha companheira de brincadeiras e artes. Moravam em um casarão antigo com um pátio enorme, árvores frutíferas, balanços e bicicletas.

Minha nova amiga era um furacão, muito arteira e criativa. Eu, tímida, tranquila e introspectiva, ficava abismada com as artes que ela inventava.

Hoje penso que eu precisava de uma amiga exatamente como ela para me soltar um pouco mais. Devido às circunstâncias, eu havia amadurecido muito cedo e, vivendo a maior parte do tempo entre adultos, nem sabia como era ser criança. Com V., aprendi a ser um pouco mais espontânea e menos tímida.

Depois de algum tempo, eu conheci uma terceira personagem que também fazia parte do círculo de pessoas, que de certa forma exploravam a boa-fé e as crendices de tia Matilde.

Era uma preta velha bastante feia usando roupas sujas, saias longas e malcheirosas. A mulher era a personificação de uma bruxa com suas vestes esquisitas e panos na cabeça. Eu nunca tinha visto nada semelhante em toda a minha curta vida.

Quando a vi subindo as escadas do sobrado na frente de tia Matilde, fiquei muito assustada e me mantive bem longe da figura, contudo tia Matilde parecia muito à vontade com a mulher que chamava de Margarida.

Meu espanto não teve limites quando a mulher tirou de dentro de um bolso um baralho de cartas todo ensebado com figuras estranhas e começou a falar com um palavreado que mal dava para entender, pois a mulher não tinha mais dentes e era praticamente impossível entender o que dizia, mas isso não foi tudo.

Depois das cartas, a preta velha foi para os fundos da casa e apareceu com uma lata cheia de carvão aceso sobre uma frigideira de cabo, onde salpicava algo que parecia erva seca triturada, pois exalava um cheiro característico. Aquela mistura provocava uma fumaça com a qual ela benzia tia Matilde, murmurando palavras incompreensíveis com uma voz grossa de homem.

Quando me chamaram para a tal benzedura, eu desapareci, pois não ia deixar aquela figura chegar perto de mim. Terminado o trabalho, Margarida recebeu algum dinheiro e se foi. Contudo, a história de Margarida não termina aí.

Certa tarde especialmente fria do inverno gaúcho, tia Matilde mandou que eu me arrumasse para sair. Algumas quadras distante da casa situava-se um aglomerado de malocas chamado de Ilhota, composto de casas antigas em franca decadência com terrenos compridos transformados em cortiços.

Tia Matilde teve que me arrastar para entrar naquele lugar fétido, sendo observadas por homens mal-encarados. Alguns com atitudes ostensivamente hostis, outros parcialmente escondidos chegando em janelas e portas para ver quem estava entrando. Matilde me alertava para que não encarasse as pessoas, mas era difícil deixar de observar aquele ambiente tão estranho e diferente de tudo o que havia visto.

Havia homens discutindo como se já fossem partir para a luta, mulheres gritando com crianças raquíticas e malvestidas, com os pés descalços e roxos de frio, e outras brigando entre si. O cheiro era pior do que o dos estábulos e dos chiqueiros que eu conhecia da colônia. Em certos trechos das vielas era quase impossível passar entre os grupos de crianças pedindo moedas e as mulheres respondiam com palavrões a cada negativa de Matilde.

Esgueirando-nos por uma viela chegamos à porta de um barraco meia água, onde Matilde bateu. Uma voz grossa do lado de dentro respondeu mandando que entrássemos. Matilde empurrou a porta e lá dentro, sobre uma cama de casal que ocupava quase toda a peça, estava Margarida enrolada entre trapos. Num canto, uma trempe com brasas acesas produzia um pouco de calor para o ambiente e aquecia uma panela de ferro.

Vendo quem era, Margarida tirou de algum lugar o seu baralho ensebado e começou a espalhar as cartas falando com seu linguajar enrolado e incompreensível para mim.

Quando saímos do cortiço, eu estava em estado de choque. Habituada aos amplos espaços da colônia, às casas muito simples, também carentes de tudo, mas com asseio, não podia imaginar como as pessoas podiam sobreviver em um lugar como aquele. Era pobreza, mas uma pobreza completamente diferente.

Durante a noite tive pesadelos e passei vários dias impressionada com a situação daquelas pessoas, especialmente Margarida. Muito velha, sozinha e aparentemente doente, pois não se levantou da cama. Meu primeiro questionamento foi pensar que Deus não devia permitir que pessoas vivessem daquele modo. Lembrei do meu tesouro que estava juntando para levar para a mãe, Emília. Uma lata de talco que havia transformado em cofre, onde eu guardava todas as moedas que às vezes ganhava do tio Arthur ou o troco de compras que Matilde me dava.

Em minha inocência, pensava que aquele dinheiro poderia ajudar Margarida. Cortei a lata, retirei todas as moedinhas, que valiam quase nada, eram tostões e centavos, mas eu não tinha ideia do valor do dinheiro, só sabia que ele comprava coisas.

Matilde achou muita graça quando eu expliquei que queria levar o dinheiro para Margarida comprar comida. Ela me explicou que Margarida não era uma pessoa sozinha, tinha dois filhos, uma nora e netos, ficava naquele quartinho sozinha porque todas as malocas eram muito pequenas, mas que não lhe faltava comida. Os filhos trabalhavam na construção de casas.

Desapontada, mas ainda não totalmente convencida, insisti em levar as moedas para Margarida. Matilde resolveu atender meu pedido e, talvez influenciada por minha atitude, resolveu passar em um mercadinho para comprar pão e mais outros mantimentos, e me levou de volta à Ilhota em busca do cortiço e da benzedeira que recebeu as moedas com um largo sorriso completamente desdentado.

A inconformidade com as dificuldades próprias e alheias começava a mostrar os contornos da minha personalidade, hoje chego a me admirar ao lembrar desse episódio. Aos seis anos de idade, eu tinha me esquecido do temor que a preta velha havia me inspirado, o terror do lugar onde fui colocada pela primeira vez frente a frente com o pior tipo de miséria que tinha me deixado traumatizada, contudo o sentimento de solidariedade que brotou em mim naquele momento foi muito maior do que a repulsa. Hoje parece-me indícios de um trafor ou vocação que talvez já estivesse em desenvolvimento em uma vida passada.

No início do ano seguinte, tio Arthur alugou um apartamento no centro histórico de Porto Alegre, bem mais perto de onde minha irmã morava e de uma tradicional escola: Instituto Escola Nossa Senhora dos Anjos. Finalmente pude começar a conviver com outras crianças, pelo menos no período das aulas, pois Matilde não me permitia sair, mesmo que pudesse me vigiar o tempo todo, pois morávamos bem em frente à Praça Conde de Porto Alegre, onde a meninada dos prédios próximos costumava se reunir para brincar depois de fazer os deveres escolares.

Eu era obrigada a me contentar em ver as outras meninas correndo e brincando através da janela da sala.

A insegurança, um traço da personalidade de Matilde, desde jovem, com a idade e o avanço da demência senil, se agravava cada vez mais. As pouquíssimas vezes que saía de casa era para consultar batuqueiras, cartomantes que estimulavam suas esquisitices para mantê-la sob sua dependência. Ela mantinha uma espécie de altar com santos em seu dormitório e ao mesmo tempo frequentava Sociedades Espíritas para tomar passes magnéticos e igrejas católicas, muito embora quase nunca fosse à missa aos domingos.

Minha mãe, ignorando o que se passava, exigia que eu frequentasse as missas e me preparasse para a Primeira Comunhão. Matilde não era contra e sendo uma escola de irmãs católicas elas se encarregaram de me preparar para o evento.

A felicidade de poder estudar não durou muito tempo. Concluído o 4.º ano primário, eu deveria me preparar para a prova de Admissão ao Ginásio, mas fui tirada da escola. A tia, cada vez mais desconfiada e enferma, alegava perseguição de inimigos imaginários, chegando ao ponto de dizer que eles iriam me raptar se me encontrassem na rua sozinha.

Eu vivia nesse mundo habitado por espíritos, exus, santos, deuses, benzedeiras, cartomantes e fantasmas. Às vezes, me pergunto como foi que eu consegui manter a sanidade mental em meio a esse caos de crendices.

Talvez tenha ajudado o fato de não acreditar realmente em nada daquilo. Eu via a mulher barganhando e buscando a ajuda de tantos lados e observava que nada dava resultado, seus pedidos nunca eram atendidos, então, ia me convencendo de que tudo era fantasia, pois me parecia que ela se deixava convencer por aquele povo com muita facilidade. Parecia ter uma necessidade muito grande de acreditar em algo. Hoje, penso que esse sincretismo religioso poderia ser herança de sua raça, pois ela era neta de escravos. E quanto a mim? Como foi que não me deixei influenciar ou, até mesmo, me confundir em meio ao caos de crenças que vivia?

Depois de conhecer a Conscienciologia, às vezes me pergunto: teria eu trazido de outras vidas ou do meu período entre uma vida física e outra (período intermissivo) o Princípio da Descrença?

Algum tempo depois da minha Primeira Comunhão, minha irmã havia conseguido erguer uma pequena casa de três cômodos, no terreno que havia comprado no distante bairro Chácara das Pedras, e a mudança causou vários transtornos para minha mãe. Nós já não podíamos nos ver todas as semanas, pois o bairro era muito distante do centro histórico de Porto Alegre, onde morávamos.

O que hoje é um bairro residencial era uma vila com poucas casas, distantes umas das outras, e isso trazia uma insegurança muito grande para ela, que passava o dia completamente sozinha, pois agora o pequeno J. A. já estava na escola. Ela não tinha aprendido o idioma português por estar sempre entre pessoas que falavam alemão enquanto morava na antiga casa de propriedade dos sogros da minha outra irmã.

Na vila, não havia ninguém conhecido, além de tudo isso, ela já não aguentava mais o mau humor da filha, que apesar de estar agora em casa própria se ressentia da distância e da dificuldade de condução para manter o emprego. A casa também era minúscula em relação ao espaço que usufruía no porão do velho sobrado no centro da cidade. Não havia quarto para acomodar a mãe, que dormia em um canto dividido por uma cortina separando-a das camas dos meninos.

A única possibilidade da minha mãe voltar para a colônia era aceitar a oferta do filho O. D. e, pela terceira vez na vida, servir-lhe de empregada, pois ele, com três crianças pequenas, não podia contar com a esposa, que, tal qual a esposa do meu irmão mais velho, era parteira e passava a maior parte do tempo fora de casa; e, praticamente, sustentava a família, pois ele era o barbeiro da vila e o trabalho de parteira rendia muito mais do que cortar o cabelo e fazer a barba dos colonos que não davam muita importância para a aparência, contudo geravam muitos filhos.

Ela sabia que não seria fácil, entretanto, alegava que pelo menos estaria perto também de duas outras filhas, em ambiente onde todos eram conhecidos e, o principal, todos falavam alemão.

Por essa época, tio Arthur e tia Matilde resolveram fazer uma viagem ao Rio de Janeiro para visitar Jorge (filho de Matilde), o que veio a ser uma das minhas maiores frustrações infantis. Haviam alugado um apartamento em Copacabana. Era possível ver o mar e a praia das janelas. Parece um absurdo dizer isso, mas ninguém me levou para ver aquela imensidão de água e areia de perto. Novamente estava presa vendo a linda paisagem colorida, cheia de crianças brincando na areia e na água, a distância.

Quando voltamos para Porto Alegre, resolveram trazer o neto de Matilde, Antônio Augusto, para passar uma temporada com os avós. Época difícil. O garoto era um ano mais novo do que eu e era um pequeno capeta, muito arteiro. Eu sempre fui tranquila, gostava de ler, brincar com minhas bonecas, mas o garoto ficava o tempo todo me provocando para que eu o acompanhasse em suas brincadeiras turbulentas, tipo jogar futebol no corredor e lutar de espada. Nós passávamos o tempo todo brigando.

Óbvio que o menino não estava suportando a prisão na qual sua avó também o submetia. Habituado a brincar na rua o dia inteiro em Bento Ribeiro, bairro carioca onde morava, não suportava ficar encarcerado dentro de um apartamento. Felizmente o arranjo não durou muito tempo, pois nem sua avó conseguia lidar com ele.

Sozinha novamente voltei a fazer o que mais gostava, ler. Eu havia descoberto um balcão cheio de livros. Coleções inteiras encadernadas da *Revista Seleções*, romances e tratados de Medicina deixados ali por Jorge, da época em que havia estudado na tentativa de entrar para a faculdade de Medicina.

Parece-me que Matilde nunca abriu aquele balcão cedido ao filho para guardar suas coisas. Como não gostava de ler, nunca se interessou em explorar o conteúdo do móvel. Já eu, muito curiosa, encontrei ali um tesouro que muito me ajudou na falta de escola. Um dos livros mais consultados por mim era *Nossa Vida Sexual*.

O livro me ajudou muito, pois não havia diálogo com o casal de idosos a respeito de sexo, higiene, maternidade, menstruação, alimentação, exercícios, menopausa, doenças sexualmente transmissíveis, entre outros; todos assuntos tabus para uma menina naquela época.

    Não existia televisão, o rádio não abordava assuntos sérios, eu já não estava na escola, não tinha amigas com quem pudesse obter informações. Também não tinha coragem de abordá-los nas raras visitas feitas à minha mãe e, mesmo que tivesse conseguido falar com ela sobre os assuntos, tenho certeza de sua incapacidade de me dar informações da maneira clara, ampla e profunda como as que acessei por meio dos livros. Assim, os livros substituíram professores e orientadores, um verdadeiro tesouro para minha condição de quase prisioneira, me conduzindo para o autodidatismo que, no final das contas, foi de uma grande ajuda, pois, por mais que planejasse e me esforçasse, meus projetos de estudar, fazer uma faculdade, nunca deram certo. Lembrando desses fatos, chego à conclusão de que eu era uma criança bastante precoce e, acho que se pode dizer, madura para minha idade, pois esses fatos aconteceram quando eu estava entre os 11 e 13 anos, idade com a qual minha mãe me levou para a colônia, como veremos mais adiante.

    O fato de nunca falar alemão com o tio e não ter com quem praticá-lo começou a se tornar um problema, pois quase não conseguia mais me comunicar no idioma materno. Também era um problema para nos comunicarmos por carta.

    Eu era alfabetizada em português e minha mãe em alemão, desse modo, quando ela me escrevia, eu não conseguia ler; e quando escrevia para ela, sempre precisava de alguém para ler e traduzir minhas cartas.

    Para mim era bem mais complicado. A única pessoa que eu conhecia para ler uma carta escrita em alemão clássico era meu cunhado, marido de P. Dada a minha dificuldade em poder sair até isso era um problema. Às vezes, ficava semanas com uma carta da mãe esperando um dia de maior lucidez e bom humor de Matilde para saber o que nela continha.

5

VOLTA ÀS ORIGENS

Aos 13 anos, outra mudança dramática. Depois de insistir muito com o casal para que me deixasse voltar para a escola, minha mãe desistiu e resolveu me levar à colônia, onde ela mesma poderia cuidar para que eu aprendesse um ofício, nem que fosse o de dona de casa, pois eu não sabia fazer nada, já que na casa de Matilde sempre havia empregadas.

Para uma menina da minha idade, sem noção nenhuma dos serviços domésticos, a mudança foi um verdadeiro martírio. Para começar, as duas irmãs cheias de dificuldades, com filhos pequenos e uma pesada carga de trabalho, além de ajudarem os maridos na lavoura, começaram a brigar, pois as duas queriam que eu fosse ajudá-las em suas tarefas.

A mãe optou por me deixar com aquela que morava mais perto dela, O. S. Pela primeira vez em muitos anos, eu estava perto da minha mãe e entre familiares, muito embora tenha sido um período muito duro, aprendi muitas coisas. Aprendi a cozinhar em fogão a lenha e com água tirada do poço, lavar roupa no Arroio Forromeco, passar roupa com ferro aquecido com brasas.

Não cheguei a trabalhar na lavoura, mas quando era época de plantio ou colheita, o casal não podia perder tempo para sair da lavoura e almoçar em casa, então eu tinha que preparar a comida e levar até onde eles estavam. Tudo isso somado ao cuidado com três crianças pequenas, meus sobrinhos, em troca de casa e comida. Eu não conseguia me adaptar, queria voltar a estudar e não havia opção na pequena vila. Além da pesada carga diária de trabalho, na qual eu não estava habituada, ainda tinha a questão do idioma.

Depois de muitas conversas com a mãe, consegui convencê-la de que não havia futuro para mim ali. Ela própria não recebia nada além de casa e comida do filho. Eu crescia e as roupas que tinha ganhado de Matilde começavam a ficar pequenas e muito surradas.

Se eu conseguisse um emprego de babá na capital, poderia voltar a estudar e, também, ajudar a comprar medicamentos para ela.

Quando finalmente concordou em me trazer para Porto Alegre, tivemos que ficar na casa da minha outra irmã, P. W., enquanto procurávamos um trabalho para mim. Um conhecido de P. informou que uma de suas colegas procurava uma mocinha para cuidar de sua casa e da mãe cega.

Levada para a entrevista, a mulher me achou muito jovem e franzina para dar conta do trabalho. Era uma casa grande com um enorme pátio e eu deveria me encarregar de tudo: a propriedade, os cuidados com a cega (banho, refeições, guia) e, inclusive, as compras semanais.

Certamente não era o trabalho para uma menina de 14 anos, contudo estava difícil conseguir alguma coisa e minha irmã já dava sinais de que estava cansada da nossa presença em sua casa, então eu disse que as tarefas não me assustavam, pois eu estava vindo de um lugar onde o trabalho era muito pesado.

Sugeri que fizéssemos um período de experiência. A mulher, que também não estava conseguindo facilmente alguém que aceitasse todas as suas exigências, concordou. Fui para a casa dela, minha mãe voltou à colônia, minha irmã ficou feliz e eu iniciei uma jornada diária exaustiva. A frustração veio com a impossibilidade de estudar, pois ela exigia que eu servisse o jantar. Nunca ficava livre antes das nove horas da noite e, então, mal conseguia me arrastar até minha cama...

Iniciava ali mais uma mudança em minha vida. Mais um período bastante difícil. Na fase mais linda da vida de uma jovem, ali estava eu novamente entre completos estranhos, enfrentando a pesada rotina de obrigações. Apesar de ter amadurecido bastante com todas as responsabilidades e as tarefas que era obrigada a desempenhar, foi nesse período que ocorreu o episódio que deixou as mais profundas marcas e solidificou o sentimento de insegurança e rejeição em relação aos meus próprios familiares, estendendo-se à maioria das pessoas que conheci durante minha vida.

Fazia aproximadamente três meses que eu me esforçava para me adaptar à rotina na casa dos meus novos patrões, quando chegaram as festas de final de ano. Após passar o Natal chorando de saudades da mãe e dos familiares em meu quartinho, durante a semana entre Natal e Ano Novo decidi passar o próximo feriado com alguém da minha família; então, dia 31 de dezembro, depois de concluídos os afazeres, pedi licença para passar a noite da passagem de ano com minha irmã P.

Chegando lá, eu vi que eles tinham visita, um casal com uma menina. Estavam todos alegres e tudo correu muito bem até que, passados os abraços e a euforia da passagem do ano novo, P. W. me chamou e perguntou a que horas eu iria embora.

Recebi um choque. Já eram quase duas horas da manhã e eu esperava poder passar a noite na casa deles. Tentei argumentar que poderia me recostar em uma poltrona, pelo menos até amanhecer o dia. Ela foi irredutível. Justificou que os amigos tinham sido convidados para passar a noite com eles e fazer um churrasco no dia seguinte e, portanto, não havia lugar para mim.

Era claramente uma desculpa. Eles moravam em um antigo e enorme sobrado com quatro dormitórios. Mesmo com o casal visitante ocupando o cômodo destinado aos hóspedes, um dos quartos tinha sido transformado em uma saleta íntima com confortáveis poltronas e um sofá de dois lugares, onde eu poderia me acomodar perfeitamente por algumas horas, mas ela não permitiu.

Fiquei apavorada. Não tinha dinheiro para pagar um "Auto de Praça" e, mesmo que tivesse, seria uma grande temeridade entrar em um, pois, mesmo naquela época, os motoristas tinham péssima fama. Eu não tive alternativa. Ou me arriscava e pegava dois bondes ou teria que atravessar a cidade a pé

Cheia de medo, fui obrigada a enfrentar, tremendo, as ruas escuras, esperar nas paradas os raros bondes que trafegavam de madrugada, cujos únicos passageiros costumavam ser bêbados e marginais, contudo os dois trechos do caminho entre a Av. Venâncio Aires e a Rua Marcelo Gama, no Bairro Auxiliadora, não foram os piores. O pior mesmo foi caminhar os dois quilômetros de ruas desertas, iluminadas apenas pelas raras e fracas lâmpadas incandescentes de que a cidade era servida na época, entre o fim da linha de bondes em frente à igreja Auxiliadora e a casa dos meus patrões.

O terror de enfrentar as ruas escuras e desertas daquele trecho era tão intenso que a imaginação criava sombras me perseguindo, então eu corria até perder o folego. Hoje em dia, quando me percebo projetada em alguma região baratrosférica fazendo assistência, certos locais por vezes me parecem exatamente como aquele trecho de ruas escuras com a notável diferença da completa ausência de medo, uma das vantagens da projeção lúcida, a eliminação do medo. Percorro regiões penumbrosas com segurança e tranquilidade; às vezes, completamente desertas; outras, povoadas de consciexes e até de conscins sonambulizadas e confusas. A ausência do medo advém da confiança no amparo, sempre presente, onde quer que haja assistência a ser feita. Já aconteceu de, em determinados resgates extrafísicos, amparadores se tornarem visíveis e ajudarem nas assistências.

Senti um misto de terror e vergonha ao bater na porta e acordar o casal, a qual só piorou com a cara de espanto de dona Elizabeth ao me ver sozinha àquela hora da madrugada. Apenas gaguejei desculpas por acordá-la e fui direto para meu quartinho do lado de fora da casa, onde dei vazão a toda a angústia, frustração, medo e mágoa.

No dia seguinte, não escapei de dar explicações ao casal. Extremamente constrangida, tentei minimizar a situação dizendo que a casa da minha irmã estava cheia de visitas inesperadas e ela não teve como me acomodar. Dona Elizabeth, além de indignada, ainda desconfiou que eu não tinha ido à casa da minha irmã. Ela não acreditava que a irmã teria permitido a uma garota da minha idade atravessar a cidade, sozinha, àquela hora da madrugada.

Eu teria realmente preferido dormir sentada no chão duro a passar por aquele trauma nas vésperas de completar 15 anos de vida, se ao menos tivesse tido essa opção. Era a segunda vez que eu passava por um abalo mostrando claramente a rejeição das minhas irmãs. Fora outros episódios de menor importância.

A primeira vez acontecera quando minha irmã mais velha me negou um prato de comida, sem falar na falta de solidariedade ao buscar, com tanto empenho, qualquer estranho que aceitasse ficar comigo.

Naquela época eu sofri muito. Amava meus irmãos e não conseguia achar um motivo para ser tratada como se tivesse feito algo errado ou fosse uma intrusa na família. Acredito que a rejeição não era tanto em relação a mim, mas sim pelo temor da responsabilidade de me cuidarem em caso de morte da minha mãe, o que representaria aumento de despesas, pois todos os irmãos, com exceção de P. W., viviam com dificuldades financeiras. Contudo, ainda não conseguia alcançar esse raciocínio e, quando consegui, o dano já estava feito.

Digamos que meu pai não tivesse dessomado e nossa pequena família, na época composta por meus dois jovens irmãos, mãe, pai e eu, tivesse permanecido em nossa propriedade onde o trabalho era duro, contudo eu estaria em segurança na remota colônia de agricultores até ficar adulta. Que tipo de futuro me esperaria?

Se eu tivesse tido a chance de conhecer o futuro, o que eu escolheria?

Ficar como estava ou passar por tudo o que passei e ter tido a possibilidade de expandir meus conhecimentos, aprendido a administrar minha vida, me sentir segura, disciplinada, organizada, independente, responsável, com os trafores que eu sem falsa modéstia reconheço possuir?

É preciso esclarecer, ter tomado consciência de possuir alguns dos trafores mencionados após conhecer a Conscienciologia, ciência por meio da qual somos motivados a desenvolver o autoconhecimento, aplicar nossos trafores em favor de outras consciências e assim ampliar cada vez mais nossos talentos evolutivos e superar os traços menos positivos de nossa personalidade.

Assim sendo, antes de ter raiva ou rancor, meu sentimento é de gratidão pelos fatos ocorridos que me levaram por caminhos que sozinha eu não teria sabido escolher para chegar a ser a pessoa que sou hoje.

Sempre convivi com todos, inclusive os protagonistas das cenas que deixaram marcas na minha infância. Os efeitos permaneceram, contudo eu não conseguia deixar de amar meus familiares. Sempre existem desentendimentos e ciúmes entre familiares, principalmente em uma família grande como a nossa.

Nunca suportei brigas e discussões, principalmente entre meus irmãos e irmãs. Quando qualquer fofoca ou queixa chegava a mim, terminava ali. Lembro que minha mãe chegou a me colocar um apelido em alemão que significava alguma coisa relacionada a "pacifista", justamente porque eu me recusava a tomar partido de quem quer que fosse.

Depois de algum tempo, meus irmãos passaram a me respeitar, valorizar minha independência, iniciativas e responsabilidades que assumi com nossa mãe. Já com mais idade, acabei tornando-me o elo que mantinha todos unidos por meio de notícias e até alguns encontros nas festas da colônia, incentivando-os a nos vermos de tempos em tempos.

Todas as reconciliações com meu grupo familiar foram feitas, mas nem tudo na vida se desenrola de uma maneira tão certinha. Há erros involuntários e inevitáveis e tive, sim, que fazer reconciliações extrafísicas, depois da morte de algumas pessoas do meu grupo familiar, pois com a chegada de sobrinhos o grupo foi se ampliando cada vez mais, o que tornou difícil o diálogo em alguns momentos, contudo não é assunto para ser exposto sem envolver outras consciências.

Eu sabia que minha mãe guardava uma grande mágoa da filha mais velha, tanto pelo episódio do prato de comida quanto pelo fato de ter me separado dela, pois frequentemente se referia a eles, por isso eu guardei segredo do acontecimento no Ano Novo; contudo, eu tinha O. S. como minha confidente e quando ia para a colônia conversava muito com ela sobre os problemas que enfrentava sozinha trabalhando na capital, e não contava para a mãe para não preocupá-la.

Durante meses, a lembrança daquela noite me atormentou sem que eu pudesse falar com alguém, mas quando fui para São Vendelino não resisti, contei tudo para O. S., pois não queria que a mãe soubesse e confiava nela. Fiquei muito surpresa ao ver que ela não se admirou do fato e ainda relatou um episódio que ajudou a aprofundar meu complexo de rejeição.

Soube que as minhas irmãs mais velhas e já casadas na época, ao descobrirem a gravidez tardia da mãe, foram reclamar da vinda de mais uma criança para o casal já de meia idade, questionando-a sobre quem iria cuidar de mim se os pais morressem. Deixaram a mãe abalada em prantos e sem saber o que fazer. Contudo, os dois adolescentes e mais as outras três irmãs ainda solteiras ficaram muito felizes ao saber que em breve teriam um bebê para alegrar a casa, até porque não havia o que fazer – eu já estava a caminho. Ao saber de tudo, fiquei um pouco mais magoada por saber que era rejeitada antes mesmo de chegar a este mundo.

Os traumas emocionais podem parecer exagerados vistos a distância, contudo, para uma adolescente, marcada por ter sido despojada do direito de passar a infância com a mãe e seus outros irmãos na casa onde havia nascido e que já havia passado por outros dissabores, teve o devastador efeito de me deixar insegura em relação até mesmo às pessoas mais chegadas. Por muitos anos não conseguia me entregar completamente a uma amizade. Me mantinha na defensiva, prevenida para não ser magoada.

Só muito mais tarde entendi que esse comportamento não era entendido pelas pessoas, pois a maioria, desconhecendo minha história de vida, talvez pensasse que eu preferia o isolamento e se afastavam, resultando em solidão para mim.

Com o passar do tempo, a saúde da minha mãe tornava-se cada vez mais um problema para minha já complicada vida. Inúmeras vezes, tive que abandonar tudo para passar alguns dias cuidando dela na casa do filho porque não havia ninguém disponível para dispensar a ela o cuidado mínimo necessário. Essas crises me abalavam demais. Faltava dinheiro para as viagens, medicamentos e não existiam recursos médicos na vila.

Frequentemente era obrigada a deixar minha mãe sozinha, mesmo que ainda precisasse de cuidados, porque se faltasse ao trabalho perderia o emprego e tudo ficaria ainda pior. Eu estava sempre optando não pelo melhor, mas pelo menos caótico.

Quando era obrigada a sair da casa do meu irmão, de madrugada, para esperar o ônibus, deixando minha mãe, sem saber se ia se recuperar ou não, se alguém iria cuidar dela ou não, chorava, olhava para o céu estrelado e me perguntava:

onde está Jesus? Onde está o Deus onipotente, onipresente e justo que vendo tanto sofrimento não ajuda em nada?

Comecei a me perguntar por que as pessoas eram tão submissas à religião. Com todo o sofrimento, minha mãe insistia para que eu não deixasse de frequentar à missa, mas como não tinha certeza se eu obedecia ou não, ela exigia que eu me confessasse e comungasse todas as vezes que ia visitá-la. Eu detestava os rituais que não entendia e quanto mais amadurecia, mais argumentava sobre minhas dúvidas.

A única resposta sempre era obedecer e não blasfemar, pois estava ameaçada de ir para o inferno. Mesmo assim, eu raramente ia à missa quando estava na capital. Quando me sentia desesperada, preferia entrar em uma igreja vazia, sem toda aquela encenação, em que pudesse expor em pensamento minhas dúvidas, insegurança e medo. Imaginava que ali, sozinha, meu anjo da guarda poderia ouvir melhor o que se passava comigo.

Estou expondo vários acontecimentos deploráveis ocorridos em diferentes fases do meu crescimento em que passei por conflitos com membros da minha família.

Quero deixar claro que expor esses fatos não tem o objetivo de dramatizar minha história ou de me vitimizar.

Com o incentivo ao autoconhecimento, passamos a observar e pesquisar nossos próprios sentimentos, as emoções e as reações diante da vida. Para obter melhores resultados, nada melhor do que estudar nossa própria biografia, então a razão de eles terem sido registrados é entender minhas próprias reações e sentimentos, observar e compreender as razões dos familiares muito mais do que censurá-los de alguma forma.

Quando tomei conhecimento da existência da Lei de Causa e Efeito por meio do estudo da Holocarmalogia, uma das especialidades pesquisadas na Conscienciologia, que busca expandir os conceitos da lei do Carma e suas consequências, passei a entender que existem outras razões, bem mais lógicas e profundas, para ter vindo para esse grupo familiar.

Por ser um tema muito rico e seu estudo bastante extenso, vou registrar aqui apenas a frase enfática do verbete 131, de 13/01/2006, p. 397 a 400 da *Enciclopédia da Conscienciologia*, nomeado ADVERSIDADE, de autoria do pesquisador Waldo Vieira:

"SOB A ÓTICA DA HOLOCARMOLOGIA, INEXISTE ADVERSIDADE OU INFELICIDADE POR MERO ACASO. TUDO DENTRO DA EVOLUÇÃO DA CONSCIÊNCIA SOBREVÉM ATRAVÉS DO PRINCÍPIO DE CAUSA E EFEITO."

A meu ver, o verbete é bastante esclarecedor. É a síntese perfeita da Lei de Causa e Efeito e se ajusta perfeitamente a situações como as que enfrentei desde muito jovem. A própria Lei de Causa e Efeito tem uma lógica absolutamente irrefutável.

O período de três anos passados na casa de dona Elizabeth foi amargo. Dona Sofia, idosa e cega, era uma criatura extremamente revoltada e não facilitava em nada a convivência com ninguém; contudo para quem tinha passado aquela temporada na colônia ainda era mais vantajoso, em alguns aspectos, aguentar o trabalho pesado e o mau humor de dona Sofia. Não tinha problemas com o idioma, havia água encanada, fogão a gás, ferro elétrico, definitivamente mais higiênico e leve do que passar uma montanha de roupas com ferro aquecido com brasas.

Sempre que possível, eu visitava tia Matilde e tio Arthur. Ela continuava a lamentar minha saída da casa dela e alimentava a esperança de que eu voltasse a morar com eles. Observar a decadência física e mental de ambos, já bem idosos, me deixava muito triste.

Tempos depois de uma última visita, ao retornar para ver o casal, encontrei o apartamento fechado. Uma vizinha informou que tio Arthur havia falecido e o filho tinha levado Matilde para morar com ele no Rio de Janeiro.

Aos 17 anos, uma crise mais grave de saúde da mãe causou nova reviravolta na minha vida. A falta de recursos na colônia nos obrigou a tomar providências para trazê-la à capital. Tive que deixar o emprego na casa de dona Elizabeth definitivamente para cuidar dela na casa da minha irmã mais velha novamente.

Depois de vários meses, quando a mãe dava sinais de recuperação, era hora de procurar novo trabalho para pagar as dívidas acumuladas. Por recomendação do filho mais velho da irmã, fui procurar uma colega dele que precisava de uma moça para cuidar da sua casa e dos seus dois filhos.

6

UMA PAUSA NA TURBULÊNCIA

Iniciava-se nova mudança em minha vida na casa da dona Célia, seu marido, Alceu, e os dois filhos do casal.

Minha mãe voltou para a casa do filho na colônia. Como estava muito enfraquecida, já não podia cuidar da casa, contudo ainda se encarregava de preparar as refeições.

Para evitar que desse despesas, eu praticamente a sustentava com meu pequeno salário, a visitava sempre que podia e nessas ocasiões sentia que minha presença era tolerada apenas porque me encarregava das despesas com a mãe. Nunca manifestavam satisfação quando eu chegava, contudo, ao primeiro sinal de problema com a mãe, eu era intimada a comparecer sempre, com urgência, como se apenas eu tivesse obrigações com ela.

Para minha sorte, encontrei no novo emprego amigos que me tratavam como se fosse da família. Na verdade, posso dizer que o melhor período do final da minha adolescência foi, sem dúvida, o que morei com a família da dona Célia.

De orientação católica, porém bastante democrática em relação às preferências religiosas de cada pessoa, dona Célia entendia minhas dúvidas e meus questionamentos a respeito do assunto. Frequentemente ficávamos conversando a respeito e, mesmo não chegando a nenhuma conclusão, sempre era muito bom trocar ideias com uma pessoa que não me ameaçava com o fogo do inferno por qualquer questionamento.

Ganhando meu próprio sustento e com uma considerável independência, convivia bastante com A. S. e J. A. S., filhos da minha irmã mais velha, principalmente nos finais de semana, quando os sobrinhos me levavam a quermesses da igreja, reuniões dançantes nas garagens dos amigos e uma inesquecível festas de São João.

Meu sobrinho mais velho, A., costumava me apresentar aos amigos como "minha tiazinha" por ser mais jovem do que ele. Na realidade, eu era mais ligada aos sobrinhos devido à pouca diferença de idade e convivia mais com eles do que com qualquer um dos meus irmãos.

Graças ao convívio com os sobrinhos e os seus amigos, eu consegui me soltar mais e até fiz amizade com um grupo de jovens no bairro onde trabalhava. Cheguei a frequentar bailes e reuniões dançantes em que o grupo de cinco ou seis jovens ia junto, sempre acompanhado de tia Toly, uma viúva muito camarada e festeira, tia da Maria Clara, uma das minhas amigas mais chegadas do grupo.

Quando era dia de baile, providenciávamos uma mesa perto da pista de danças para ela. Quando começava a dar sinais de cansaço, a turma fazia uma vaquinha e mandava trazer uma porção de batatas fritas e guaraná. Ela se animava novamente, garantindo mais algumas horas de diversão para a turma. Depois todos voltavam juntos, geralmente a pé, para casa, pois todos moravam no mesmo quarteirão.

Um jovem colega do meu patrão começou a aparecer na casa deles para jogar cartas nos finais de semana. Todos perceberam o interesse dele por mim e começamos a namorar. O jovem era de boa família e parecia ter boas intenções. Nas conversas me incentivava a continuar os estudos, pois dizia que não poderia me apresentar aos seus pais na condição de empregada doméstica.

Provando que realmente era uma pessoa especial, dona Célia me incentivava a estudar ou conseguir um emprego no comércio. Era complicado começar a estudar no meio do ano, então comecei a procurar trabalho mesmo tendo apenas o quarto ano primário.

Havia uma vaga em uma loja de tecidos. Me candidatei e fui chamada para fazer um teste simples de matemática. Foi um vexame. Nervosa, não conseguia raciocinar nem para fazer uma simples conta de multiplicar.

Meu namorado começou a me pressionar para sair da casa da dona Célia e voltar a morar com minha irmã O. Depois de muita hesitação, consultas a dona Célia, conversas com minha irmã, que concordou contanto que eu pagasse uma pensão enquanto estivesse em sua casa, me mudei.

Era óbvio que eu só poderia pagar pensão quando começasse a trabalhar. Meus sobrinhos me deram força, pedindo à mãe que me desse uma chance de melhorar de vida, ou pelo casamento ou por um trabalho mais bem remunerado.

No dia da saída da casa da dona Célia foi uma choradeira, minha e dela. Até então, nunca tinha me sentido tão acolhida e bem tratada em nenhum lugar como fui com aquela família. Dona Célia me chamava de "filha mais velha".

Essa amizade continuou por toda nossa vida e posso afirmar que ela não acabou com sua dessoma em março de 2016. É com toda certeza uma amizade de várias vidas.

No meio do ano, não consegui entrar em uma escola, até mesmo porque o pouco dinheiro que tinha não dava. Resolvi continuar procurando emprego enquanto fazia um curso de datilografia.

Consegui uma vaga em uma empresa de construção, onde eu teria que preencher as fichas dos empregados e calcular as horas trabalhadas de cada um durante a semana. O trabalho também só durou uma semana.

As experiências me deixaram muito frustrada. Acabaram com minha autoestima.

Mesmo que fosse para uma escola, teria que começar do zero, pois durante os anos em que eu tinha trabalhado como empregada, estive completamente afastada de qualquer estudo.

Meu abatimento não durou muito. Lembrei da minha amiga Maria Clara e fui perguntar se teria livros usados de Português e Matemática para me emprestar, essenciais para começar a estudar, mesmo sozinha. Consegui vários, de várias matérias. Estudava em casa e fazia o curso de datilografia à tarde.

Apesar de ver meu esforço, meu namorado não estava satisfeito. Um dia discutimos e acabamos rompendo. Eu comecei a perceber o quanto ele era controlador e mandão. Sofri por um tempo, mas nunca me arrependi. Anos mais tarde entendi que ele havia sido a motivação para mudar de vida novamente.

Eu continuava procurando trabalho, mas não parava de estudar. Procurava extrair conhecimentos dos livros, sozinha, e quando não entendia ou não conseguia resolver uma questão de matemática, meu "tendão de Aquiles", procurava alguém que me ajudasse.

Foi por intermédio de dona Célia que encontrei uma oportunidade em uma grande loja de eletrodomésticos. Comecei fazendo treinamentos para demonstrar máquinas de costura e aspiradores de pó. Quando não era possível demonstrar o equipamento na loja, eu ia à casa dos clientes após a entrega. Isso nunca tinha horário, pois, em geral, os compradores queriam as demonstrações fora do horário comercial, à noite ou aos sábados e até aos domingos.

Eu me esforcei muito para não falhar novamente. Continuava estudando por conta própria e procurava estar disponível para todo e qualquer serviço extra. Cheguei até mesmo a me oferecer para lavar os uniformes do time de futebol montado pelos colegas da empresa por muito tempo.

Aos poucos fui me introduzindo no atendimento aos clientes quando os vendedores estavam ocupados. Quando a empresa se tornou representante no Brasil de uma marca de lavadoras de roupa inglesa (Hoover), eu fui a primeira a me candidatar para fazer o curso de demonstradora.

O sistema das campanhas era bastante complexo. Primeiramente era definida uma zona da cidade, então as demonstradoras visitavam as casas oferecendo uma demonstração gratuita da máquina. Se fosse aceita, a empresa mandava entregar uma, na casa do possível comprador, e era agendada a visita da demonstradora.

Lavar as roupas selecionadas pelas donas de casa para ver a eficiência da máquina era quase sempre um grande desafio. O aparelho era bastante eficiente, contudo não comportava muitas roupas ou peças muito volumosas, mas era esse tipo de roupa que as possíveis compradoras queriam ver sendo lavadas.

Para torcer a roupa, a máquina possuía um sistema de rolos de um material semiflexível por onde a peça de roupa deveria passar e sair praticamente seca do outro lado. Era aí que residia o desafio, pois passar uma colcha de crochê por aqueles rolos acionados por manivela requeria muita habilidade para fazer o trabalho sem que a cliente percebesse o esforço físico que a demonstradora fazia.

As condições dos bairros onde eram realizadas as campanhas muitas vezes também eram penosas. Um dos mais complicados foi, sem dúvida, a vila dos ferroviários. Muito inseguro para uma moça andar sozinha em horários inadequados, pois não havia iluminação pública.

O trabalho nas campanhas se intensificou e os horários estenderam. Passaram a exigir disponibilidade constante minha e da minha colega Cecília. Frequentemente saíamos de casa, até mesmo aos domingos, pela manhã levando debaixo do braço uma caixa de sabão Rinso e um pedaço de mangueira para passar o dia lavando roupas nas casas de prováveis compradores.

Era financeiramente compensador, mas bastante complicado. Sofri muito assédio sexual, sem falar nas dificuldades para chegar ao trabalho diariamente. Era necessário levantar muito cedo para conseguir lugar na condução que atendia o distante bairro.

Eu não tinha a vida normal dos jovens da minha idade. Não namorava, nunca saía de casa se não fosse para o trabalho e, claro, vivia muito cansada, mas tinha que aguentar. Foi, na época, a única maneira de poder dar um pouco de conforto para minha mãe, que estava em estado crítico e era uma constante preocupação para mim.

Eu pagava pensão, mas não tinha um quarto. Dormia em um sofá na copa. Pagava as refeições, mas tomava apenas o café da manhã, pois não havia tempo de ir almoçar em casa e quando chegava tarde, à noite, raramente encontrava alguma comida, então tinha que me contentar com pão e margarina para não ir dormir com fome.

Meu sobrinho mais velho, agora casado e com um bebê de poucos dias, teve dificuldades financeiras e precisou morar com os pais. Minha irmã mandou dividir a copa com uma parede para que o casal pudesse ter um cômodo só para eles. O desconforto gerado pela diminuição do espaço não era nada comparado ao fato de o bebê passar as noites chorando e não deixar ninguém na casa dormir.

Assim, premida pela impossibilidade de continuar na casa da minha irmã, comecei a me organizar para arranjar outro lugar para morar. A primeira providência foi comprar um pequeno fogão de duas bocas que estava em oferta na empresa por ter um defeito na pintura. Já tinha o sofá-cama onde dormia. Era o essencial.

Dei início a uma pesquisa para encontrar um quarto para alugar.

Eu já andava exausta, pois tudo o que encontrava era muito caro ou muito longe do trabalho. Foi aí que minha amiga, dona Célia, novamente entrou em cena. Ela descobriu que uma vizinha dela tinha uma prima que precisava alugar um cômodo no centro da cidade para aumentar a renda, pois o marido não trabalhava.

O apartamento era em plena Av. Independência. Poderia economizar o dinheiro do transporte. O quarto era minúsculo, contudo o sofá-cama e o fogão cabiam perfeitamente nele. As roupas ficariam em duas velhas malas.

Ao primeiro olhar, eu entendi a razão de ainda não ter sido ocupado. O lugar estava extremamente sujo, chão manchado de sujeira incrustrada nos tacos do parquê, paredes mofadas, uma porta envidraçada tão suja que quase não passava a luz do dia.

Comprei material de limpeza e passei um fim de semana inteiro limpando o lugar, mesmo assim o cômodo era quase inabitável, mas eu resolvi o problema comprando uma lata de tinta. Consegui uma escada emprestada e a cada noite pintava uma parede e parte do teto. Com duas tábuas improvisei uma prateleira ao lado do fogão. Ainda seria necessário colocar uma cortina na porta de vidro que dava para uma sacada para poder ter privacidade, pois ainda era obrigada a trocar de roupa no banheiro, mas depois de algumas semanas eu estava razoavelmente instalada.

Com o problema de moradia resolvido, era hora de começar a procurar outro trabalho. Já não suportava mais o excesso de atividades na empresa. Os locais e os horários ameaçavam minha segurança. Quando fui designada para atender às reclamações dos clientes referentes às garantias de mau funcionamento dos aparelhos, além das tarefas de pesquisa de campo, demonstração de todo tipo de aparelhos domésticos adquiridos pelos clientes em qualquer dia e horário, comecei a pensar em conseguir um trabalho com melhores condições.

Nas minhas novas funções de providenciar o atendimento das garantias dos aparelhos, fazia o trabalho de meio de campo entre o cliente e o atendimento das fábricas, o que era extremamente desgastante. Para complicar ainda mais a situação, a empresa não possuía um telefone, coisa difícil de se conseguir na época. Eu, então, era obrigada a usar o telefone de uma pequena loja de decorações localizada ao lado da firma.

O dono da loja e sua funcionária ficavam observando minhas discussões com os responsáveis dos atendimentos das garantias dos aparelhos. Um dia, a jovem Nilva (era seu nome) veio conversar comigo. Disse que brevemente iria se casar e sair do trabalho. Precisava encontrar uma substituta, mas estava difícil. O senhor Gaggero (de nacionalidade italiana), dono da loja, exigente, não havia gostado de nenhuma das candidatas que ela havia apresentado; então ele mesmo, vendo que eu era bastante articulada, tinha sugerido que ela falasse comigo.

O salário era menor, mas o horário era fixo de segunda a sábado ao meio-dia. Feitas as contas das despesas, ainda me sobrava o valor que gastava com transporte e a pensão que nunca consegui usufruir na casa da irmã enquanto morava lá.

Assim, em curto espaço de tempo, troquei de moradia e também de trabalho. O Sr. Gaggero, idoso e rabugento, era também bastante genioso, contudo tinha um imenso coração. Ele morava nos fundos de sua loja e cozinhava suas próprias refeições. Consciente de que o salário não era dos melhores, frequentemente me incluía nos almoços que preparava. Em contrapartida, eu fazia faxinas semanais nos cômodos ocupados por ele.

O trabalho na loja era prazeroso, pois lidava com artigos de decoração, lustres, pantalhas e materiais elétricos em geral. Não era loja grande, mas tradicional e muito conhecida, pois foi uma das primeiras especializadas no ramo em Porto Alegre e, por isso mesmo, frequentada por figuras importantes no cenário gaúcho da época.

Eu conheci pessoalmente e convivi, até certo ponto, com figuras importantes no cenário gaúcho, como escritores; o maior estilista de moda do estado; a família da maior e mais conhecida editora e livraria do estado; um dos mais polêmicos jornalistas do maior jornal na época, o antigo *Correio do Povo* e sua simpaticíssima esposa; os donos da maior e mais conceituada joalheria da capital; um famoso pintor ainda vivo (ano base 2022) que brincava comigo, dizendo que ninguém se metesse com mocinhas baixinhas e de mãozinhas pequenas, pois elas eram muito bravas; recebia diariamente um atencioso cumprimento do maior e melhor técnico de futebol que o Grêmio Futebol Porto-Alegrense já teve, que aliás era vizinho da loja, entre outros.

Tanto quanto me lembro, todos preferiam ser atendidos por mim, já que o patrão era muito crítico e, se não simpatizasse com o cliente, não media as palavras e costumava ser um tanto grosseiro.

7

RELACIONAMENTOS

Agora, com mais tempo livre, eu podia visitar minha mãe mais frequentemente, participar das festas típicas da colônia. Até voltei a procurar as amigas do tempo em que trabalhava na casa da dona Elizabeth. Com elas também fui a algumas reuniões dançantes nas tardes de domingo, numa das quais conheci Elói, o jovem que foi meu primeiro namorado mais sério e de quem fiquei noiva depois de algum tempo de namoro.

Voltei a ter uma vida normal para uma jovem da minha idade. Nós nos víamos nos finais de semana, frequentávamos bailes e reuniões dançantes. Não tínhamos um lugar onde pudéssemos namorar, pois ele também morava em um cômodo na casa de uma família de conterrâneos e, assim como eu, não podia receber visitas; então, quando não íamos ao cinema, frequentávamos um barzinho de jovens – famoso "Estudantil", na rua Sarmento Leite.

Ele mostrava respeito e carinho por mim e o namoro tornou-se mais sério, até começamos a fazer planos para o casamento. Ele me levou algumas vezes para visitar a família em Bagé, pessoas simples, mas simpáticas, onde fui muito bem recebida.

Depois de algum tempo comecei a sentir que ele estava mudando. A atenção foi esfriando até que ele rompeu o noivado. Minha autoestima sofreu um abalo considerável, mas o tempo foi passando e curando as feridas.

Eu era respeitada pelo meu chefe, Sr. Gaggero, por ter jeito e bom gosto para arrumar as peças de decoração na vitrine da loja. Ele percebeu que os clientes davam preferência pelos artigos colocadas por mim, em destaque, na vitrine, e passou a me convidar a dar palpites até mesmo quando se tratava de escolher as mercadorias nos catálogos.

    Lidando diariamente com decoração, harmonia e beleza na montagem dos ambientes, eu começava a me sentir muito deprimida vivendo num cômodo minúsculo sem conforto e nenhuma privacidade.

    Não cheguei a procurar uma alternativa. Não foi necessário, pois passado algum tempo, minha irmã P. W. perguntou se eu não estaria interessada em alugar um pequeno apartamento localizado nos fundos de sua casa, com entrada independente, no sobrado da família. Não desejando colocar uma pessoa estranha em seu pátio, lembrou-se de mim. Eu mais uma vez fiz as contas e aceitei a oferta. Pela primeira vez na vida tive um espaço decente para morar.

    Feita a mudança, investi em alguns móveis e uma geladeira usada e fiquei feliz com o resultado, mas não conseguia deixar de pensar que a vida era realmente muito estranha. Eu e meu noivo tínhamos feito tantos planos e a dificuldade maior sempre foi a de alugar um imóvel adequado para iniciarmos o sonho de construir uma família. Agora que eu tinha uma casa completa, já não tinha com quem compartilhá-la. Para mim parecia uma grande ironia do destino.

    Eu tinha adquirido bastante experiência em tratar com decoradores, arquitetos e pessoas de bom gosto. Isso ajudava bastante na escolha de adornos e luminárias nos catálogos dos representantes das fábricas (a maioria paulistas) que costumavam aparecer.

    Certo dia, vi um deles entrar na loja. Era um homem muito bonito. Alto, cabelos escuros, olhos de um azul quase índigo e o sorriso mais cativante e sedutor que eu já tinha visto.

    Eu o encaminhei para o Sr. Gaggero, mas quando fui chamada para dar minha opinião sobre as peças fiquei com o rosto em brasa, gaguejava e não consegui dizer uma única frase remotamente inteligente. Ele me seguia com os olhos o tempo todo e quanto mais ele procurava meu olhar, mais confusa e desconcertada eu ficava.

O próprio dono da loja pareceu ter simpatizado muito com a figura, pois a conversa se estendeu bastante, o que era raro. O rapaz percebeu que o velho gostava de ouvir histórias e aproveitava para dar informações a seu próprio respeito, falava de sua iniciativa e dificuldades em abrir a fábrica de abajures em Curitiba.

Neto de portugueses, tinha estudado arquitetura, mas não tinha conseguido se formar. Havia trabalhado com um conhecido arquiteto da capital paranaense até decidir-se por abrir sua própria empresa.

Ele me esperou na saída do expediente e delicadamente perguntou se podíamos conversar ou se podia me levar para casa. Entrei no carro guiando-o pelas ruas até meu endereço. Ficamos conversando por algum tempo, até ele perguntar se eu aceitaria jantarmos juntos, pois ele não conhecia nada, era sua primeira vez em Porto Alegre.

Eu concordei desde que eu pudesse antes tomar um banho e me vestir adequadamente. Perguntei se poderia convidar minha sobrinha para acompanhar-nos. Ele concordou sem pestanejar, foi para o hotel prometendo voltar dentro de uma hora.

Depois do primeiro encontro, vieram outros. Às vezes almoçávamos juntos, em outras, ele me esperava na hora da saída do trabalho para me levar para casa, depois para jantar, durante os quatro dias que permaneceu na capital. Contou que era desquitado, tinha uma filha de oito anos que estava com seus pais.

Nos encontrávamos sempre que ele vinha a Porto Alegre.

Certo dia, me fez a proposta de ir viver em Curitiba com ele. Esperava que eu pudesse ajudá-lo na empresa já que eu tinha grande experiência no ramo. Não recusei de imediato, contudo intimamente eu sabia que não poderia aceitar. Por mais que seu convite me atraísse, eu nunca deixaria minha mãe doente sabendo o quanto já haviam se aproveitado dela e depois negligenciado justamente quando havia chegado a hora de retribuir seus cuidados e renúncias para cuidar de todos nós. Era hora de cuidar dela. Mesmo assim, eu prometi que falaria com minha mãe para tomar uma decisão.

Antes de partir, Joelmer me fez prometer que só tomaria uma decisão depois de ir a Curitiba com ele. Prolonguei o máximo que pude para lhe dar a notícia de que não iria sair de Porto Alegre. Inconformado, ele voltou ainda uma vez. Na véspera de sua partida, eu ainda tentei fazer ele entender minhas razões para não ir, mas notei sua seriedade, sua mágoa silenciosa. Prometeu continuar vindo para me ver, mas eu sabia que nunca mais o veria. E foi realmente o que aconteceu.

Por muito tempo vivi torturada de saudade, mas nunca me arrependi de não ter abandonado minha mãe em seus últimos meses de vida, principalmente considerando os acontecimentos posteriores.

Eu estava bem no trabalho, com horário definido, então mais uma vez comecei a me preparar para voltar a estudar, porém havia outra tempestade a caminho na minha vida.

A saúde de minha mãe piorava e o relacionamento do meu irmão com sua mulher também. Fui intimada por eles a encontrar um lugar para minha mãe, pois eles haviam decidido se separar. A primeira coisa em que pensei foi trazê-la para minha casa. Poderia finalmente tê-la junto a mim. Quando fui falar com ela a respeito, negou-se terminantemente a vir à capital. Alegava que não sairia da colônia, pois temia não ser enterrada no jazigo ao lado do meu pai. Fiquei em desespero. Como eu poderia resolver isso sozinha?

Nenhuma das duas filhas, que moravam na colônia, realmente tinha condições de ficar com ela. Coloquei todos os filhos a par do problema, mas todos tinham boas desculpas para não enfrentar a situação. A única que ofereceu a casa foi O. H. Justo ela que trabalhava em casa, junto ao marido, para as fábricas de calçados do Vale dos Sinos, tinha cinco filhos para criar, com pequena diferença de idade entre eles e cujo menorzinho ainda não tinha completado um ano. Morando em comunidade de língua alemã, estaria perto de outros dois filhos e vários netos, já casados, contudo, estaria longe do jazigo onde queria ser enterrada. Foi preciso muita conversa e empenhar a palavra de que seria enterrada lá quando chegasse a hora.

Entre as incontáveis tristezas, uma das piores foi sem dúvida juntar os parcos pertences dela e levá-la embora do pequeno quarto, da casa, da comunidade que tanto gostava e onde todos a conheciam, onde estavam suas amigas, sua história, suas outras duas filhas, seus netos, sua igreja, tudo o que amava.

Ao embarcar na camionete dos netos que se dispuseram a ir buscá-la, olhou bem a sua volta, observou a ponte, o rio e disse:

– Com certeza da próxima vez que eu atravessar esta ponte já estarei dentro de um caixão. Parecia tranquila, nem uma lágrima, já eu, sentada na traseira da camionete, abafava os soluços incontroláveis no meu casaco.

A casa para onde foi trazida, situada em Estância Velha, município bem mais próximo da capital, permitia que eu a visse pelo menos duas vezes por semana. Eu me encarregava dela nos finais de semana e ia vê-la sempre às quartas-feiras à noite após o trabalho. Passava a noite com ela e retornava bem cedo para não perder o trabalho. Tenho eterna gratidão ao Sr. Gagerro que me liberou os sábados e flexibilizou os horários para que eu pudesse ficar com ela mais tempo e aliviar o trabalho de O.

Quatro meses depois, ela falecia em paz na casa da filha, rodeada de parte dos filhos e netos. Apenas oito meses depois de ter me despedido de Joelmer pela última vez. Eu ainda sofria muito com sua ausência, mas as dificuldades, as dívidas com as despesas do translado do corpo, além das faltas no trabalho e o fato de ele nunca mais ter tentado entrar em contato me desencorajaram.

Pelo menos estava em paz com minha consciência. Eu sabia que jamais poderia ter dado toda a assistência possível à minha mãe se tivesse aceitado a proposta de ir morar com ele em Curitiba.

Com a morte da mãe foi rompida a minha mais forte conexão com outro ser humano. Nunca mais consegui superar a profunda e dolorida sensação de solidão que, de tempos em tempos, surge sem eu saber de onde e por que, teima em se espalhar em meu peito fazendo me sentir "uma estranha no ninho" onde ou com quem quer que eu esteja.

Depois de superada a pior fase da perda da mãe, era hora de reorganizar a vida. Recomecei a planejada e tão sonhada volta aos estudos. Matriculei-me em um curso preparatório para os Exames Supletivos da Secretaria de Educação e Cultura do Estado.

Certo dia, durante o expediente na loja, eu recebi a visita de minha amiga de infância, filha da dona Odete. O motivo da visita era me convidar para ver tia Matilde que, hospedada em sua casa, viera do Rio de Janeiro, pois desejava muito me rever.

Apesar dos problemas psicológicos, Matilde lembrava o endereço de P., onde tantas vezes tinha me levado para que meu cunhado lesse para mim as cartas de minha mãe, e assim foi possível me localizar.

Me emocionei muito ao voltar a ver Matilde. Jamais imaginei revê-la um dia. Esse reencontro permitiu, também, a reaproximação com V. Reatamos nossa amizade, o que ajudava a amenizar minha solidão. Passamos a nos ver praticamente todos os finais de semana. V. tinha carro e se eu não fosse à sua casa, ela ia me buscar para sairmos, nem que fosse para dar uma volta no final das tardes de domingo. Em um dia 29 de novembro, saí da loja e fui dar um abraço na amiga que estava de aniversário.

Quando você se dispõe a escrever suas memórias, às vezes, chega a um ponto em que começa a pensar que sua vida segue um roteiro pré-programado. Parece que nada do que aconteceu em sua vida foi coincidência ou aleatório. É impressionante como somos levados por caminhos estranhos a determinados fatos em nossa vida.

Já havia algumas pessoas na casa de V., uma ou duas de suas irmãs e um homem que ela me apresentou como sendo o fornecedor dos produtos que ela vendia. Era uma pessoa expansiva e espaçosa demais para o meu gosto. Fiquei sem graça com suas investidas e decidi ir embora, mas a situação ficou mais constrangedora, pois ele cismou de me levar para casa.

Tive que ser dura e recusar terminantemente a carona. Quando consegui me comunicar com V., pedi que não desse nenhuma informação a meu respeito. Ela prometeu que não daria, mas disse que o homem agora não saía de sua casa na esperança de me encontrar lá novamente. Sabendo disso deixei de frequentar sua casa, mas ele continuava mantendo o cerco por conta própria ou talvez com a ajuda de V.

Descobriu a rua onde eu trabalhava. Diariamente estacionava o carro em uma das esquinas para controlar a saída do horário de expediente. Por algum tempo foi possível sair sem ser vista, mas ele acabou conseguindo me ver subir na condução e assim, seguindo o ônibus, descobriu onde eu morava.

Levava flores para mim e desse modo conquistou P., que as recebia quando eu não estava em casa. Descobriu onde eu estudava à noite e ficava me aguardando na saída do curso, mesmo interrompendo o trânsito para me obrigar a entrar no carro. Algumas vezes era obrigada a falar com ele para não ser grosseira. Reafirmava que se sentia sozinho e queria somente minha amizade.

Apesar de ter decidido não ter nenhum relacionamento com Manoel, a solidão pesava na minha vida, tornava-se difícil recusar os convites para passeios, jantares, cinemas e danceterias. Algumas vezes eu o acompanhava e ele, muito perspicaz, nunca exigia nada, comportava-se como um amigo divertido. Para conquistar ainda mais minha confiança, começou a me ensinar a dirigir.

Eu não pretendia aprender a dirigir, dizia que nunca teria um carro, então para que aprender a dirigir?

Eu não desejava dar esperanças a ele. Falava francamente que ainda não tinha esquecido Joelmer, o que era verdade. Nenhum homem que eu conheci depois dele se igualou em educação, beleza, inteligência e cavalheirismo. Dizia que nunca iria esquecê-lo. Assim procurava desencorajar Manoel.

Sabia que qualquer relacionamento entre nós tinha tudo para não dar certo, pois não havia duas pessoas mais diferentes. Manoel com sua insistência não deixava ninguém se aproximar de mim.

Por essa época, a perspectiva no trabalho foi ficando complicada. Vivia-se na ditadura e os negócios na loja de decorações iam de mal a pior. Eu vivia na expectativa de ser demitida, pois já não sobrava lucro das vendas.

Quando meus temores se confirmaram e fui indenizada, a situação se complicou. Era difícil encontrar emprego naquela época. Novamente, tive que parar de estudar.

Manoel procurava motivos para me deixar mais animada, prometendo falar com alguns conhecidos para ajudar a encontrar nova colocação.

Me candidatei a uma vaga nas lojas Renner e fui admitida, contudo o trabalho era quase desumano. De segunda a sábado, das 8h às 19h30, com intervalo de uma hora para o almoço. Era proibido sentar-se e o salário era uma pequena ajuda de custo mais as comissões de venda que eram baixíssimas. Tinha perdido grande parte da minha liberdade. Trabalhava nos sábados o dia inteiro, frequentemente, até mais tarde para melhorar o salário.

O volume de trabalho me deixava tão cansada que algumas vezes eu chegava em casa no sábado à noite, tomava um banho, comia um lanche e me deitava para me levantar somente na segunda-feira pela manhã.

Manoel ficava profundamente desgostoso com esse ritmo de trabalho, pois eu não tinha mais tempo para sair ou conversar com ele. Um dia pediu para conversar comigo e me fez uma proposta de trabalho. Ele havia apresentado aos diretores da Fábrica de Geladeiras Steigleder uma campanha de troca de geladeiras usadas por novas da Fábrica.

A proposta, bastante inteligente, significava uma fonte segura de matéria-prima com boa margem de lucro para o seu negócio. Ele pagaria pela geladeira usada o valor da entrada do aparelho novo e, ao mesmo tempo, receberia a comissão pela venda do aparelho novo. Como não podia fazer tudo sozinho, me convidou para me cadastrar como vendedora autônoma (exigência da fábrica, que não queria vínculo empregatício com vendedores) para receber as comissões pelas vendas das geladeiras novas.

Caso eu aceitasse, poderia significar minha independência financeira, mas estava ciente de que estaria próxima do Manoel. Seria quase impossível não me envolver com ele. Eu estaria disposta a arcar com as consequências?

Eu pensei bastante. Estava a um passo de cair na armadilha que ele ardilosamente havia preparado, mas eu estava cansada de lutar. Sozinha, sentia-me fria, indiferente, com a certeza de que não valia a pena esperar que aparecesse outra pessoa em minha vida, mesmo que existisse tal pessoa, Manoel não daria espaço para ninguém se aproximar de mim, então resolvi aceitar a proposta.

O trabalho não era difícil. Nosso horário dependia totalmente das possibilidades dos clientes que eram visitados em suas casas para avaliação de seus aparelhos usados. Trabalhávamos juntos, às vezes até horas tardias da noite, contudo podia descansar pela manhã, pois raramente tinham agenda para visitas de manhã cedo. A campanha de vendas mostrou-se compensadora no aspecto financeiro.

A convivência diuturna, o companheirismo, o respeito demonstrado por Manoel acabaram mesmo em um envolvimento afetuoso entre nós.

Eu gastava apenas o mínimo indispensável à minha manutenção. Guardava todo o dinheiro possível com a finalidade de adquirir um espaço próprio para viver. Já havia sofrido muito com insegurança e mudanças indesejadas. Sonhava em ter um lugar meu, além disso, minha irmã estava em negociação para venda do antigo sobrado. Mais cedo ou mais tarde, eu teria que sair de onde estava.

Resolvemos alugar um pequeno apartamento por algum tempo até que eu tivesse condições de comprar um imóvel, o que só foi possível três anos e meio mais tarde.

8

DESCOBERTAS

Mesmo tendo mais tempo livre, eu continuava com dificuldade para me relacionar com as pessoas e fazer amigos. Além do complexo de rejeição, agora me sentia constrangida devido ao meu compromisso com Manoel, o que de certa forma me inibia, assim, minha única amiga e confidente continuava sendo Célia. Não havia segredos entre nós.

Desde muito jovem, eu tenho uma inexplicável preferência pelo idioma inglês e, devido aos horários imprevisíveis de visita aos clientes, ficava impossibilitada de seguir um curso curricular para concluir o ensino médio, então decidi fazer cursos de conversação em horário diurno mais flexível para marcar as visitas.

No curso, os assuntos eram bastante variados. O professor era um pesquisador de fenômenos parapsíquicos e frequentemente trazia curiosidades a respeito em sala de aula para estimular a conversação. O assunto começou a mexer comigo, pois me lembrava muito as crendices da Matilde. Claro que os fenômenos eram abordados de uma forma menos ingênua, mais investigativa e coerente por uma pessoa que eu admirava pela inteligência, e isso aguçou muito minha curiosidade.

Certo dia, um feriado, recebi a visita da Célia. Conversamos a tarde inteira. Como de hábito surgiu o assunto das crenças e religiões. Comentei a respeito de um experimento ao qual o professor Peter havia se referido sobre a gravação de vozes de espíritos que se comunicavam por meio de equipamentos de som e um livro chamado *Telefone Para o Além* que pretendia comprar.

Por coincidência ou não, Célia também estava bastante impactada e comentou muito a respeito de um livro que havia lido recentemente, *Nosso Lar*, do espírito André Luiz por intermédio do médium Chico Xavier.

Eu, na verdade, sequer sabia o significado da palavra psicografia, mas não era só isso. Baseada no que havia lido, Célia me deu uma ideia sobre o significado de reencarnação, hospitais extrafísicos, comunicação de espíritos em sessões mediúnicas, psicografia, telepatia e clarividência.

Um novo mundo de informações se abria para mim, que além das crendices e das superstições da Matilde, até então só tinha ouvido falar em deus, céu, inferno, dogmas e sectarismo da igreja católica.

Mal podia esperar pelo dia seguinte para comprar os livros. Comprei *Nosso Lar, Telefone Para o Além* e mais alguns para iniciantes, gentilmente sugeridos pela balconista da Livraria Espírita. Passei lendo a noite seguinte e muitas outras, quando não conseguia largar o livro mordida pela curiosidade.

Era necessário ter uma mente aberta para entender alguns conceitos, mas as informações tinham certa lógica, principalmente a teoria reencarnacionista. Ela explicaria tudo o que eu considerava grandes injustiças até então.

Depois de ler uma boa quantidade de livros espíritas, fui em busca de livros de outros pesquisadores desvinculados das religiões, como Hellen Wambach, Resemary Ellen Guilley, Dr. Nils Jacobson, Blavatsky, Annie Besant, Ian Stevenson, entre outros. Precisava saber mais sobre reencarnação. Quando a leitura de livros já não era suficiente, resolvi procurar uma sociedade espírita para conhecer na prática, um pouco do que já tinha aprendido na teoria.

Certa tarde em que não tinha agenda de trabalho, procurei a Sociedade Espírita Paz e Amor. Encontrei um casal muito simpático e acolhedor que me deu várias informações a respeito do funcionamento da sociedade que oferecia passes, irradiações, comunicações de espíritos nas mesas mediúnicas, palestras, trabalhos manuais para confecção de enxovais e doação a gestantes carentes de forma totalmente gratuita. Comecei a frequentar o local para ouvir as palestras e tomar passes semanais.

Quanto mais me aprofundava nos conceitos da doutrina espírita, mais atraída eu me sentia. Não havia rituais, as pessoas não ficavam reprovando ninguém, todos eram acolhidos com gentileza, havia vários programas de trabalhos de caridade, as pessoas eram bem-humoradas e não ficavam indagando da vida dos outros.

Depois de ter lido todos os livros básicos de Kardec e muitos outros, resolvi matricular-me na escola de médiuns. As aulas eram basicamente o estudo do *Livro dos Espíritos* e do *Livro dos Médiuns*. Discutiam-se os conceitos ali apresentados e, esporadicamente, os professores pediam aos alunos que interpretassem trechos das obras básicas, o que era muito fácil para mim devido à minha insaciável curiosidade a respeito do tema.

Todos os conceitos giravam em torno do tema "caridade" e havia um departamento na sociedade onde um grupo de senhoras se reunia, uma vez por semana, para confeccionar cobertas, fraldas, cueiros e todo tipo de roupinhas para bebês. A diretora do Roupeirinho, nome do departamento, convidou os alunos para conhecer o trabalho das "formiguinhas", como eram chamadas as colaboradoras do setor.

A diretora explicou que, das peças confeccionadas, eram preparados enxovais para gestantes carentes que se inscreviam na secretaria da sociedade e todos os sábados eram distribuídos para aquelas que já estavam prestes a dar à luz. Assim, sempre era possível saber quantos enxovais eram necessários preparar para o dia seguinte. Eu fiquei encantada e, como era bastante habilidosa com as mãos, resolvi engajar-me no trabalho.

As reuniões eram realizadas às sextas-feiras à tarde. Então sempre dava um jeito de não marcar nenhuma visita para esse dia e assim poder participar da reunião das "formiguinhas". Na realidade, as reuniões eram para a montagem dos enxovais, para a entrega de trabalhos feitos pelas colaboradoras durante a semana e pegar tecidos, lãs, linhas e todo tipo de material para confeccionar mais peças em suas próprias casas.

Adorava participar do trabalho. Desde minha adolescência me condoía com as necessidades das pessoas. Eu mesma necessitava de tudo, ganhava pouco e tudo o que ganhava era para comprar medicamentos para a mãe.

Nunca sobrava dinheiro para comprar uma peça de roupa para nós, então era muito bom quando ganhávamos roupas usadas em bom estado. Às vezes, conseguia doar algumas para alguém que precisasse mais do que nós.

Mesmo quando já trabalhava no Centro Espírita fazia frequentes visitas ao Lar Santo Antônio dos Excepcionais. Depois de conhecer a doutrina espírita, passei a olhar aquelas criaturinhas como prisioneiras em seus corpos resgatando erros do passado. Aquela situação fazia parte do tratamento de cura.

A partir disso, o trabalho tornou-se mais fácil. Colaborava com mais alegria e otimismo e a cada criança acariciada falava mentalmente que aquilo tudo seria passageiro – em breve tudo estaria melhor.

A mesma coisa acontecia quando visitava um orfanato que abrigava os filhos pequenos de pais vítimas da Hanseníase. Essa instituição recebia ajuda do Centro Espírita que frequentava e eu acompanhava a diretora do Roupeirinho, encarregada de levar a ajuda ao asilo.

Logo me tornei o braço direito da diretora e fui promovida a subdiretora. Além de tricotar casaquinhos de lã, fiquei encarregada de manter os estoques de todo material necessário para montagem dos enxovais. Quando faltava dinheiro, era eu que organizava o chá beneficente para arrecadar os fundos necessários para compra de material.

Com o trabalho paralelo ocupava meus fins de semana solitários, pois eram os dias que Manoel podia conviver mais tempo com os filhos.

As mães carentes ficavam encantadas com os lindos casaquinhos feitos com carinho para seus bebês.

Naquele tempo, eu não tinha nenhuma noção a respeito de energias conscienciais, contudo, enquanto tricotava os casaquinhos ou costurava qualquer outra peça de roupa para ser doada, pensava muito na criança que iria receber a roupa. Enviava pensamentos bons desejando que se tornasse uma pessoa de bem. Fazia isso instintivamente.

Em Conscienciologia existe o conceito de que pensamento, sentimento e energia são fatores indissociáveis, pois pensamento gera um sentimento que vai determinar a qualidade das energias trocadas permanentemente com as outras consciências e o meio ambiente (pensene). Hoje, sabendo disso, gosto de pensar que as crianças beneficiadas com os agasalhos passados pelas minhas mãos foram favorecidas de alguma forma.

Depois de algum tempo frequentando a escola de médiuns, fui convidada a fazer parte de uma das mesas mediúnicas da sociedade. Durante um bom tempo, eu ficava observando minhas próprias reações durante o transcorrer das sessões. Às vezes, numa espécie de devaneio, surpreendia-me com pensamentos bem estranhos, contudo mantinha-me calada. Achava que as ideias não tinham nada que eu própria não tivesse condições de escrever ou comunicar por meio da palavra e continuava calada, muito embora, algumas vezes, o diretor tivesse tentado me encorajar a falar, dizendo que percebia a presença de algum espírito querendo se comunicar por meu intermédio.

A situação permaneceu a mesma durante alguns meses até o dia em que cedi à vontade irresistível de dizer certa frase que martelava meu cérebro e dei início à comunicação de uma consciência extrafísica.

A partir daí, tive a certeza de que havia alguém tentando falar por meio de mim. Foi assim que eu percebi, de fato, como era a sensação de ter um espírito precisando transmitir algo e o médium trancar a comunicação.

Foi possível perceber o mecanismo da mediunidade. Nada era tão radical que impedisse o livre arbítrio do médium, muito antes, pelo contrário, dependia dele (do médium) a capacidade de empatia com as consciências comunicantes para entender a sutileza da diferença entre a manifestação de seu próprio pensamento e reconhecer algo que não provinha de seu cérebro. Depois disso, quando vinha uma ideia diferente eu comunicava imediatamente.

É óbvio que, muitas vezes, pode ter havido erros de interpretação, contudo, conforme os orientadores sempre frisavam, era preferível a intervenção do animismo a deixar de assistir alguma consciência sofredora. Dessa forma, presenciei muitos fatos impossíveis de acontecer sem a intervenção do mundo invisível.

Os anos foram se passando, com a vida financeira estabilizada, começava a pensar no futuro, pois, apesar de compensadora, a vida de vendedora autônoma era muito instável. Eu sonhava com um trabalho de escritório em que pudesse aprender algo diferente. A atividade exercida nas ruas já começava a me cansar.

Longe de ser lucrativo como nos três primeiros anos, as vendas estavam em ritmo mais lento, mas com o hábito de não fazer extravagâncias era possível viver com tranquilidade.

Além do trabalho na sociedade espírita, eu consegui encontrar tempo para continuar estudando inglês e concluir o ensino médio, pois, por meio dos exames supletivos, fui eliminando gradativamente as matérias, tanto do primeiro quanto do segundo grau.

Comecei a projetar uma forma de obter algum rendimento que completasse minha renda quando conseguisse encontrar um trabalho burocrático sem prejuízo financeiro.

Decidi investir a poupança na aquisição de um outro imóvel. Eu tinha condições de dar uma boa entrada e financiar o restante. Depois de muito pesquisar, encontrei um terreno com uma casa muito velha em uma zona comercialmente muito promissora, mas precisei fazer um empréstimo na Caixa Econômica Federal para quitar o imóvel.

Após ter concluído o negócio, mantive a velha casa fechada. Não havia recursos para reforma e muito menos para pensar em construção. Houve um tempo em que cheguei a me arrepender de haver adquirido o imóvel.

A casa ficou vazia até que fui procurada por um construtor/investidor que propôs construir um edifício no local e pagar em área construída. Daria em troca do terreno um pequeno apartamento de um dormitório. Mesmo me arriscando a perder o negócio, não aceitei.

Fiz uma contraproposta de receber a parte térrea do imóvel transformada em depósito ou loja. Todo o restante poderia ser usado a critério do engenheiro/construtor. Demorou algum tempo, mas o construtor aceitou minha exigência.

Por essa época, foi possível perceber o acentuado declínio nas trocas de geladeiras e a consequente diminuição da minha renda. Não era comum que todas as casas tivessem geladeira, as que possuíam eram, de modo geral, importadas e muito antigas. O golpe de misericórdia foi dado quando surgiu a Brastemp, bonita, eficiente e com o maior espaço aproveitável do mercado. Com tantas opções, tornou-se difícil concorrer com a variedade e beleza das novas marcas.

O mercado da troca de geladeiras estava esgotado e eu precisava pagar o empréstimo. Ainda passei por dificuldades financeiras até a conclusão da obra que esperava alugar para obter renda.

Comecei a enviar currículos para várias empresas, muito embora já estivesse trabalhando como balconista de uma loja especializada em perfumes estrangeiros, de onde me demiti para poder procurar, com mais dedicação, um trabalho burocrático, minha meta.

Fui chamada, entrevistada e posteriormente admitida em um escritório de representantes comerciais. O salário era baixo, em compensação o trabalho era tudo de bom. Passava os dias no telefone, tirando pedidos, organizando pastas, tabelas de preços e a agenda dos vendedores para o dia seguinte. De bônus, ainda podia escolher as roupas dos mostruários a preço de custo ao final de cada coleção.

O salário não era mais problema, pois, nesse meio tempo, passei a receber o reforço do aluguel da loja que estava pronta e alugada. O importante era me sentir feliz com o trabalho depois de tantos anos.

Fiz amizade com a secretária de outro escritório localizado no mesmo andar do prédio. Almoçávamos juntas e, como ambas trabalhávamos praticamente o dia inteiro sozinhas, voltávamos para o escritório e ficávamos conversando até o início do expediente.

O rebuliço mesmo começava em torno de 17h, quando os vendedores se reuniam para entregar os pedidos e pegar suas agendas para o dia seguinte. Depois de certo tempo, comecei a me sentir entediada, sentia falta de maiores desafios, sabia que era capaz de dar conta de atividades mais complexas e o trabalho extremamente rotineiro começava a me aborrecer.

Um dia, a minha colega do outro escritório, sabendo que eu tinha uma certa fluência em inglês, perguntou se eu não estaria interessada em trabalhar no escritório de uma multinacional. Ela própria tinha sido convidada para uma entrevista, contudo não sabia nada de inglês.

Eu queria muito um trabalho que me permitisse praticar o idioma, mas será que eu estaria à altura de ser secretária em uma multinacional? Resolvi ver do que se tratava.

Era um escritório pequeno, com apenas um gerente, um assessor, um office-boy e certamente uma secretária. O trabalho não era muito diferente do que o da Appa, mas tinha o diferencial de ser obrigada a datilografar cartas comerciais em inglês, corresponder-me com vários países por meio de Telex. Tudo muito simples, porém com muita responsabilidade.

Durante a entrevista, foi possível perceber que o gerente tinha ficado bem impressionado comigo. Ele era alemão e via-se que tinha certa dificuldade com o português.

De alguma forma, ele percebeu que eu também tinha origem estrangeira e perguntou se eu entendia ou falava alemão. Constrangida, eu confirmei minha origem alemã, mas esclareci que havia nascido em colônia de imigrantes, falava precariamente um dialeto muito simples do idioma, não entendia muito bem o alemão clássico. O gerente garantiu que não tinha importância, insistiu que eu aceitasse o cargo, contudo me despedi dizendo que ia pensar.

Por aquela eu não esperava. Estava ansiosa pensando se teria que fazer algum teste para comprovar meu inglês e, no fim, meu alemão precário é que prevaleceu para conseguir a vaga. Fiquei com o cérebro em brasa. Não sabia o que fazer.

O Sr. Peter não me dava trégua depois de ter descoberto que eu podia me comunicar em seu idioma. Hoje, imagino que a sua insistência era mais porque ele próprio tinha dificuldade com o português e com certeza era muito mais fácil encontrar uma secretária que falasse inglês do que alemão.

Dei várias desculpas, por exemplo, não saber operar o Telex, mas fui encaminhada para fazer um curso rápido e acabei indo trabalhar na Pittsburgh do Brasil. Consegui me sentir à vontade no novo ambiente de trabalho. Frequentemente era chamada pelo gerente para ajudá-lo em suas correspondências pessoais.

Também passei por situações hilárias. O Sr. Peter passava muito tempo fora do escritório fazendo contatos comerciais.

Às vezes, ligava da rua pedindo que lesse as cartas que chegavam da Alemanha. Ora, eu sou analfabeta em alemão e ele sabia disso, então eu ia lendo conforme podia. O gerente costumava dar muitas risadas enquanto me ouvia. Eu ficava muito constrangida, mas ele me acalmava dizendo que estava entendo tudo.

O assessor, Sr. Dubal, era uruguaio, falava fluentemente inglês. Se eu me apertava com algum termo técnico nas correspondências; ele, muito prestativo, me ajudava de muito boa vontade se estivesse presente, pois também passava muito pouco tempo no escritório.

Lamentavelmente o trabalho não durou nem um ano, pois durante a guerra nas Malvinas, em 1982, a matriz da empresa para a América Latina, que era na Argentina, entrou em profunda recessão e teve que fechar todos os escritórios no Brasil, inclusive a filial de São Paulo, que era muito grande. Ficamos todos desempregados.

O escritório estava localizado na zona central mais complicada da cidade, e eu costumava almoçar em um pequeno restaurante frequentado por trabalhadores portuários e vendedores ambulantes que não tinham muito respeito por uma mulher sozinha, mas não tinha outra opção mais perto.

Eu dispunha apenas de uma hora para almoçar, então procurava sempre me sentar perto da caixa que era operada pelo proprietário, um senhor idoso, que com um olhar de poucos amigos mantinha o respeito no ambiente.

Recebi minha carta de demissão e o aviso prévio de 30 dias que teria que cumprir. Eu teria preferido ser dispensada logo.

Na hora do almoço, o dono do estabelecimento, notando minha apatia, perguntou o que estava havendo. Expliquei a situação.

Depois de ouvir o resumo do caso, ele me surpreendeu perguntando se eu não estaria interessada em trabalhar no Senac (Serviço Nacional de Aprendizagem Comercial). Mesmo sem saber, no momento, do que se tratava, disse que estava muito interessada. Ali mesmo, ele me deu um cartão de apresentação dirigido ao diretor dos recursos humanos da entidade.

Mais uma vez, eu estava sendo surpreendida pela vida. Naquela hora, eu jamais poderia imaginar a reviravolta que estava prestes a acontecer comigo e os fascinantes caminhos que somos obrigados a percorrer na preparação para o cumprimento da nossa programação existencial, motivo pelo qual somos enviados para este planeta.

Já na recepção da instituição, notei o olhar grave da recepcionista e a presteza com que fui encaminhada para o diretor de Recursos Humanos. O Sr. diretor de Recursos Humanos conversou comigo a respeito do meu currículo, pediu que eu preenchesse um cadastro e me encaminhou para o diretor da Divisão Administrativa; ele, também, muito simpático, durante a conversa perguntou de onde eu conhecia o presidente da entidade, eu ingenuamente respondi que não conhecia. Nesse momento, descobri que o dono do restaurante e lancheria onde eu costumava almoçar era nada mais, nada menos do que o presidente do Conselho Regional do Senac, o homem mais poderoso da entidade. Com um sorriso amarelo, procurei disfarçar minha surpresa.

Depois disso, ainda fui entrevistada pela psicóloga e finalmente pelo coordenador da unidade onde eu deveria exercer as funções de auxiliar administrativa. Fui considerada apta para assumir o cargo, contudo havia um problema, eu teria que assumir imediatamente, mas ainda precisava cumprir cerca de 20 dias de aviso.

Conversei com o Sr. Peter, que ainda tentou me demover de aceitar o cargo, pois queria que eu fosse trabalhar em uma pequena loja de brinquedos de sua propriedade e cuidada por sua esposa, situada na praça central do bairro

Tristeza. Agradeci, mas recusei o convite. Apesar da minha recusa, ele concordou em me liberar em uma semana para não perder a vaga.

Além da grande diferença salarial, eu nunca deixaria escapar a oportunidade de trabalhar no Senac, cujo horário de expediente se iniciava às 12h30 e encerrava às 18h30.

E esse foi o passo inicial da minha realização profissional.

9

MUDANÇA DE RAMO

Logo nos primeiros dias, constatei a diferença entre trabalhar em um escritório onde eu podia organizar minha rotina de acordo com meus próprios critérios de organização e trabalhar em uma grande instituição onde tudo já estava predefinido e com uma rotina completamente desconhecida para mim; além disso, tive que vencer o natural antagonismo de alguns colegas pelo fato de ter sido indicada pelo presidente da entidade, o que aos olhos deles era, na verdade, uma imposição, pois ninguém se atreveria a recusar uma candidata ao cargo indicada por ele.

Após certo período desconfortável de desconfianças mútuas com os colegas de trabalho, comecei a me sentir mais à vontade. Lentamente fui saindo da minha concha protetora e vencendo meu velho complexo de rejeição.

Tive a imensa sorte de encontrar no próprio setor Maria Teresa, uma colega em torno de dez anos mais jovem do que eu. Extremamente comunicativa, ela conhecia a todos e todos a conheciam.

Sempre tinha uma palavra de bom humor, com todos os que passavam pelo protocolo, uma das nossas funções, sem deixar de ser eficiente e extremamente responsável com suas obrigações. Nos tornamos amigas e passei a considerá-la meu modelo de comportamento.

Eu admirava a jovem, observava sua maneira despojada de ser e procurava imitar tudo o que considerava tão positivo na personalidade dela.

Essa convivência me ajudou muito a reciclar alguns trafares da minha personalidade, tais como: complexo de inferioridade; insegurança; timidez; desconfiança; isolamento, o que muitas vezes foi confundido com arrogância, fruto dos golpes que eu havia recebido dentro da própria família; e o medo do que as pessoas pudessem falar a meu respeito do relacionamento com o Manoel, já que não era um casamento convencional.

Aprendi a desarmar-me e fazer amizades, aprendi a me vestir melhor e, com isso, melhorei minha autoestima e autoconfiança. Tudo isso me ajudava a melhorar meu relacionamento com os colegas de outros setores e com meus superiores hierárquicos.

Por ser um setor de Protocolo, Apoio e Documentação, responsável por toda a comunicação que entrava ou saía da instituição, todos os outros setores, de uma forma ou de outra, eventualmente dependiam de alguma tarefa desempenhada por nós duas.

Nós éramos peças-chaves para todo e qualquer encaminhamento interno, tanto entre os setores, diretorias e a própria presidência, quanto externo; e por isso acabávamos conhecendo todos os colegas, que eram muitos.

Com o tempo, me tornei tão popular quanto Maria Teresa, até mesmo devido aos cargos que ocupei na instituição. Eu trabalhava meio turno, mas em horário fixo, o que me impediu de continuar exercendo o cargo de vice-diretora do Roupeirinho na Sociedade Espírita. Continuava trabalhando em casa, tricotando casaquinhos, costurando fraldas e cueiros que entregava semanalmente para serem distribuídos às gestantes carentes. O trabalho mediúnico continuava uma vez na semana.

O novo ambiente de trabalho ampliou muito meus horizontes e já nos primeiros meses, da nova vida, decidi que nas primeiras férias a que tivesse direito faria uma viagem ao exterior, pois, até então, nunca tirara férias corridas de mais de uma semana.

Mensalmente eu comprava alguns dólares do Sr. Peter, meu antigo diretor da Pittsburgh, cujos escritórios estavam, agora, fechados, mas ele permanecera como vendedor autônomo da empresa. Assim, ele recebia as comissões de suas vendas em dólares e era obrigado a trocá-los por moeda brasileira.

Como tinha conhecimento do idioma inglês, meu projeto foi ir aos EUA. Quando anunciei minha intenção para meu parceiro, ele duvidou que eu tivesse coragem e não gostou da ideia. Toda a mudança acontecida na minha vida, desde o esgotamento da troca de geladeiras, tinha desagradado muito ao Manoel.

Eu havia me tornado independente dele. Tinha feito amigos que ele não conhecia, participava de comemorações a que ele não tinha acesso e, além disso, ele notava minhas mudanças. Eu melhorava meus conhecimentos fazendo todos os cursos oferecidos pela instituição gratuitamente.

Quando faltava pouco mais de 60 dias para a viagem programada; ele, vendo os meus preparativos, a compra de roupas, mala e passaporte, teve certeza de que eu realmente faria a viagem programada aos EUA, então decidiu que a melhor coisa a fazer era ir junto.

Depois vieram outras viagens a Argentina, Chile e Uruguai. Sempre precedidas por brigas até ele ver que eu não desistiria, então, para não me deixar viajar sozinha, corria e providenciava sua ida, com exceção de uma viagem a Bahia e Minas Gerais que eu fiz sozinha, ou melhor, com uma colega do Senac.

Voltando à minha vida profissional, em que tudo parecia correr bem e em paz, também começaram as turbulências em função da época que se vivia. Depois de algum tempo trabalhando no setor de Apoio e Documentação, ocorreu uma crise financeira e a Direção Regional foi obrigada a fazer um enxugamento traduzido em uma drástica redução de funcionários. Foram demitidos cerca de 40 colaboradores, outros foram remanejados e, óbvio, sobrecarregados de trabalho.

Maria Tereza ficou sozinha na UAD e eu fui transferida para trabalhar na Diretoria Técnica. O que significava datilografia de todos os projetos de um grupo de técnicos que desenvolviam os cursos dados nas unidades do Senac.

Os primeiros meses foram muito difíceis. Estava sempre sobrecarregada, como, de resto todos os auxiliares administrativos. Com o tempo, fui me adaptando. Eventualmente, era obrigada a substituir a secretária da Administração Regional durante as faltas ou férias da secretária titular, ocasiões que representavam um alívio na pesada jornada de trabalho que tinha no setor a que estava vinculada, muito embora as tarefas ali se acumulassem durante minha ausência e a volta representasse horas extras de atividade.

A situação se manteve até pegarem a tesoureira da instituição em uma falta grave, então a secretária da Direção Regional foi promovida a tesoureira e eu fui efetivada como secretária.

Não fosse por ter que renunciar ao trabalho mediúnico na sociedade espírita e pelo fato de ser obrigada a permanecer no meu posto até que o diretor terminasse todos os despachos do dia e, portanto, nunca ter horário para encerrar o expediente, se poderia dizer que foi a melhor época da minha vida profissional.

O impedimento de continuar o trabalho mediúnico teve seu lado positivo, pois foi a época em que passei a buscar mais informações e diversifiquei a minha busca de conhecimentos a respeito de assuntos que envolviam o parapsiquismo. Tinha mais tempo e liberdade para procurar outras linhas de pensamento por meio de livros de outros autores desvinculados do espiritismo e outras religiões.

Encontrei mais autores e pesquisadores estrangeiros, fato que ampliou meus conhecimentos para além das fronteiras da doutrina espírita. Apesar da lógica reencarnacionista, assistencial e evolutiva, ainda tinha um significativo apelo religioso, fato que ainda me incomodava.

Na época, já acreditava que religião nada tinha a ver com o criador. Procurava seguir um paradigma próprio cujo lema era: *ser melhor hoje do que ontem, e amanhã melhor do que hoje.*

Na sociedade espírita me sentia muito bem fazendo as tarefas sociais que pudessem beneficiar os semelhantes. Era algo concreto que me trazia um sentimento de plenitude, de estar nadando a favor da corrente e, por isso mesmo, era onde procurava concentrar minhas ações.

Participava das sessões mediúnicas, em parte porque era cobrada e em parte pela pesquisa e vontade de testemunhar fatos que pudessem confirmar cada vez mais as teorias de casos trazidos tão veementemente pelos inúmeros livros já lidos; e assim assumia o papel de observadora nos quesitos que incluíssem orações, preces e rogativas, pois era algo que me deixava desconfortável e com um indefinível sentimento de insegurança e falsidade.

Não conseguia me convencer de que Deus exigisse a eterna submissão dos seres humanos, raciocinava que um bom pai cria o filho para ser independente, evoluir, e não para viver agarrado às suas barbas em uma dependência patológica e sem iniciativa própria, caso das pessoas submissas à religião.

Abominava pensar que o criador pudesse ser a entidade prepotente, autoritária, vingativa e castigadora descrita na bíblia, principalmente no antigo testamento. Em minha opinião, um ser que tivesse criado o universo não poderia ser a nossa imagem e semelhança; muito menos alguém que aceitasse barganhar dízimos, velas, indulgências, sacrifícios de animais, rituais ridículos, castigos físicos e que aprovasse guerras em que seres humanos aniquilam outros seres humanos em seu nome.

Também não poderia ser alguém que estivesse sempre a postos para interferir em nossas vidas, resolvendo ninharias, na maioria das vezes, provocados exclusivamente por nossa imaturidade.

Isso não significa negar a existência de um criador do universo. Por hipótese, é possível o universo ter sido criado por alguma consciência superior, mas essa hipótese não tem como ser testada e muito menos comprovada: por isso, o mais prudente é deixá-la de lado.

Por mais que filosofasse e ponderasse sobre todas essas questões, chegava sempre à conclusão de que ninguém neste planeta ainda tem condições de entender esses mistérios, portanto, o melhor a fazer é obedecer ao que manda a consciência e cuidar da vida.

De que adianta fazer conjecturas a respeito de Deus, se estamos tão distantes de entender a nós mesmos? Somos um mistério ainda necessitando de tanta pesquisa e observação.

Eu ficava contrariada com tudo o que diz respeito às religiões desde muito cedo. Todas elas têm interesse em manter a humanidade cega e ignorante, submissa à ganância das suas organizações. Depois que passei a ler a respeito das pesquisas de médicos que falavam das Experiências de Quase Morte, Teosofia, entre outros; concluí também que os milagres e outros fenômenos, tão frequentemente explorados pelas religiões, não existem. Ou são engodos ou nada mais do que leis da natureza humana ainda não devidamente explicadas pela Ciência.

No trabalho, tive aumento de salário como secretária e cada minuto que ficava além do horário de expediente era pago em horas extras. O motorista do diretor sempre me deixava em casa e a atividade era o que sabia realmente fazer bem e gostava.

Na vida particular, depois do falecimento da primeira mulher de Manoel, os problemas particulares ficaram quase insuportáveis. Os filhos adolescentes davam constante preocupação. Seus problemas com eles acabavam repercutindo em nossa vida. Nunca tivemos tantos desentendimentos como nessa época.

    A despeito dos problemas em casa, no trabalho eu me sentia valorizada como pessoa e, entre os tantos tipos de funções que já havia desempenhado, nunca tinha me sentido tão motivada para iniciar minha jornada diária de trabalho como nessa época.

10

ENFRENTANDO DESAFIOS

Tudo corria muito bem até que um dos coordenadores da divisão administrativa deixou o cargo. A Unidade de Recursos Materiais era um setor estratégico, pois reunia o setor de compras, o setor de controle patrimonial e almoxarifado da instituição.

Depois de muitas reuniões do presidente com o diretor regional e os diretores das divisões administrativas e técnicas a portas fechadas, eu fui chamada pelo presidente da instituição e convidada a assumir o cargo de coordenadora da unidade.

No fundo, preferia ficar onde estava, contudo, sabia que iria desagradar tanto o diretor regional quanto o presidente, pessoa que havia me indicado ao cargo; além disso, teria um substancial aumento de salário, bem como gratificação de função.

Foram vários desafios. O primeiro foi o antagonismo dos auxiliares administrativos que já trabalhavam no setor e se consideravam merecedores do cargo, tentavam me boicotar, deixando de informar a situação dos processos em andamento.

Na unidade de contabilidade havia um colega, amigo íntimo do antigo coordenador da unidade, que o substituía nos períodos de férias e licenças, que tinha certeza de que seria escolhido, aliás, todos, até mesmo eu, imaginavam que ele seria promovido.

O homem ficou tão abalado que foi tirar satisfações comigo por ter aceitado o cargo, contudo eu tinha o apoio do seu superior imediato: o diretor da Divisão Administrativa que me alertava e orientava sempre que necessário, pois tanto a documentação da contabilidade quanto a da unidade de recursos materiais passavam constantemente pelas suas mãos.

O maior desafio, contudo, foi reestruturar a unidade que estava desorganizada e completamente ineficiente em relação às suas atribuições. Praticamente sem coordenação há bastante tempo, os três auxiliares administrativos cuidavam apenas do absolutamente indispensável, sobrecarregando o diretor administrativo, que na falta de um coordenador, era obrigado a manter controle constante sobre o trabalho dos auxiliares.

Na realidade, os auxiliares administrativos, tendo perdido o respeito, nem se reportavam mais ao coordenador. Iam diretamente ao diretor da divisão. Tive menos do que um ano de prazo para tornar a unidade mais eficiente e fiz isso por meio de reuniões periódicas com meus auxiliares, pedindo sugestões e discutindo mudanças primeiramente com eles. Assim consegui desfazer rapidamente todo o antagonismo inicial.

Enquanto tratava de reorganizar a unidade, ocorriam reuniões e mais reuniões para tratar dos projetos da construção de mais duas escolas na capital. Descobri que, provavelmente, esse seria o maior desafio que iria enfrentar como coordenadora da Unidade de Recursos Materiais.

Antevendo a necessidade, não só de reorganizar a unidade mas também de ampliá-la, devido ao alto volume de trabalho que em breve teria de enfrentar, utilizava esse argumento para conseguir espaço adequado, equipamentos e funcionários, pois realmente precisava estar à altura do trabalho a ser desempenhado quando os prédios estivessem prontos.

Começava a era da informática e a diretoria do Senac, uma instituição de vanguarda, já se preparava para qualificar mão de obra na área para o comércio. O projeto de uma escola de informática começou a ser implementado e, quando chegaram os primeiros microcomputadores, os coordenadores das unidades foram convidados a serem as cobaias do projeto. Percebi logo o quanto poderia tirar partido da nova tecnologia se pudesse contar com programas de computador, tanto para controle do patrimônio da instituição quanto para facilitar as coletas de preços e as licitações, obrigatórias nos processos de compra a partir de determinado valor.

Fiz um projeto para a unidade de recursos materiais e comecei a pleitear um microcomputador para dinamizar todo o trabalho da unidade.

Quando o projeto foi aprovado, fez-se necessária minha ida até o Rio de Janeiro, na Administração Nacional do Senac, para fazer um curso em que me preparei para operar o programa que havia projetado.

Concluídas as duas novas escolas, iniciou-se o processo insano de rechear duas unidades de equipamentos, móveis, materiais de expediente e todo o necessário para o funcionamento das escolas e a administração delas.

Juntamente à minha equipe consegui dar conta de todo o trabalho e, quando as unidades da Av. Venâncio Aires e Assis Brasil foram inauguradas, houve outra mudança devido à saída do coordenador da unidade de apoio e documentação, setor em que eu havia trabalhado quando ingressei na instituição.

O diretor da Divisão Administrativa queria muito que eu aceitasse assumir minha antiga unidade. Eu relutava em sair da minha unidade porque havia me desgastado muito para reorganizá-la e, também, para equipar duas escolas.

Justo agora que a unidade iria entrar em uma fase de compras rotineiras e mais tranquilidade e estava tudo bem--organizado, deveria sair?

Para não desgostar os diretores que me deram apoio durante as fases mais difíceis, resolvi aceitar a coordenação da Unidade e, mais uma vez, enfrentei desafios de tarefas negligenciadas por meus antecessores.

Eu já não tinha o mesmo entusiasmo para abraçar as atividades que se impunham no dia a dia. Meus subordinados tinham os vícios da negligência do coordenador anterior e não correspondiam às minhas exigências de organização resultando em conflitos extremamente desgastantes.

A rotina no trabalho tornou-se desagradável, monótona e por isso eu buscava mergulhar nos livros de pesquisa. Consultava catálogos de livrarias e sebos em busca de algo novo que desse uma diretriz a respeito da questão da vida e da morte que eu não tinha conseguido resolver durante os anos de atuação e estudo na doutrina espírita.

Por essa época, em um sábado pela manhã, recebi uma ligação da amiga Célia, sugerindo que eu ligasse o rádio em determinada estação para ouvir uma pessoa sendo entrevistada sobre um assunto que ela considerava interessante.

Sempre ela, minha amiga, confidente, de certa forma orientadora, mais uma vez me indicando o caminho a seguir em frente.

Consegui pegar parte da entrevista em que uma mulher falava sobre a possibilidade de a pessoa fazer um curso de determinadas técnicas que poderiam fazê-la sair do seu corpo com total lucidez. Ela falava de uma ciência chamada Projeciologia e mencionou um livro, mas não consegui pegar o nome do autor e nem título de livro pelo fato de a entrevista estar sendo finalizada.

Sair do corpo com lucidez?

Como assim?

Fiquei extremamente curiosa para saber mais. Liguei para os telefones anotados, mas não houve resposta. Então, liguei para a companhia telefônica e fui informada que os números citados eram telefones que haviam sido alugados para um evento, mas não souberam informar qual, nem onde.

Ainda não havia internet onde eu pudesse buscar maiores informações. Célia também ouvira a entrevista pela metade e não havia anotado nada. Assim sendo, o assunto foi arquivado em algum escaninho do meu cérebro, tendo como referência apenas um nome – Projeciologia.

A insatisfação no trabalho crescia. No dia 8 de agosto de 1990, quando caminhava em direção ao Senac, senti uma dor cortante nas costas, na altura do quadril. Apesar do desconforto, segui. Todavia, conforme o dia avançava a dor aumentava e os analgésicos não faziam efeito.

Não consegui dormir. Passei a noite sentada em uma poltrona segurando as pernas flexionadas, única posição em que a dor era suportável. Não havia colchão, cadeira ou poltrona em que eu me sentisse confortável. Depois de seis meses de medicamentos, exames e tentativas com fisioterapia, os médicos decidiram por uma cirurgia de retirada de hernia de disco em L4, L5, região lombar.

Foram semanas de recuperação da cirurgia sem sinal de que a operação tivesse dado resultado positivo. As dores e o restringimento continuavam. Justamente na época em que começaram a chegar os netos. Ainda no hospital recebi o convite para ser madrinha da pequena Julia. A tristeza de não poder carregá-la no colo, me movimentar, brincar com ela quando a mãe a levava para passar as tardes no apartamento era motivo de frustração.

Ali começou minha longa e dolorosa caminhada de cirurgia, tratamentos, fisioterapias e todo tipo de tratamento alternativo de que tinha notícias na tentativa de conseguir alívio para a dor aguda e constante que me limitava.

Durante o período de inatividade, foi possível pensar muito sobre a vida. Estava saturada e até certo ponto decepcionada com a doutrina espírita. Apesar dos anos de dedicação, percebi que restara muito pouco em termos de crescimento.

Sentia-me vazia e continuava cheia de dúvidas em relação ao que poderia encontrar após a morte, se é que se poderia encontrar alguma coisa.

Pressentia que minha caminhada profissional estava prestes a terminar e isso me apavorava. Era minha única motivação.

Vendo meu desânimo, meu marido sugeriu que vendêssemos a casa da praia de Cidreira e construíssemos uma versão melhorada na praia de Xangri-lá, no terreno que eu havia comprado anos antes para investimento.

Seria uma casa com conforto suficiente para podermos morar quando nos aposentássemos.

Na falta de projeto mais atraente, concordei e começamos o planejamento da nova casa entremeado com a perspectiva de recuperação da saúde. Continuava insistindo em exercícios de alongamento, caminhadas orientadas, para fortalecer a musculatura, sempre na esperança de superar as dores constantes. Nessa atividade física, conheci um grupo de senhoras na mesma faixa etária com problemas semelhantes.

Era de certa forma prazeroso encontrar-me com elas diariamente. Conversamos muito, especialmente sobre viagens, tanto que acabamos programando uma excursão em conjunto aos Estados Unidos, porém desta vez para conhecer New York e Washington.

Lamentavelmente, aproveitei muito pouco dos passeios, pois, devido às dores, era obrigada a me recolher muito cedo e assim, com exceção do espetáculo o Fantasma da Ópera da Broadway, perdi a chance de conhecer mais alguns programas noturnos que as amigas fizeram.

Depois de quase um ano de fisioterapia e todos os tipos de tratamentos alternativos, entre eles, exercícios recomendados por fisioterapeutas, natação, yoga, cirurgias espirituais, consultas e medicamentos receitados por curandeiros. Queria muito voltar ao trabalho, mas desconfiava que aprender a conviver com a dor seria necessário e, mesmo não estando bem, decidi voltar às atividades profissionais. Já contava tempo para aposentadoria e não queria ser aposentada por invalidez, contudo foi muito difícil aguentar mais oito meses cumprindo o horário de expediente no trabalho concomitantemente aos problemas das dores nas costas.

Eu estava entrando na menopausa. Sofria de constantes sangramentos e hemorragias e era frequentemente obrigada a ficar de repouso.

Quando finalmente fui aposentada, tive dias difíceis, sozinha em casa com muito tempo para pensar na vida. Tentava me reprogramar mentalmente, mas não tinha nenhum projeto atrativo além da casa na praia.

Não conseguia me concentrar nas leituras. Alguns dias caminhava dentro de casa e pensava que ia entrar em depressão. O estado emocional repercutia no físico e as hemorragias pioravam.

Foi justamente quando estava de repouso, lendo o jornal em um sábado pela manhã, que um pequeno anúncio convidando para uma palestra sobre Projeciologia me chamou atenção.

Imediatamente lembrei-me da entrevista ouvida anos antes no rádio. Liguei para o telefone do anúncio e fui atendida por uma pessoa simpática que me deu muitas informações, me convidou para assistir um filme com debate no dia seguinte à noite.

Gostei do que ouvi e já saí de lá inscrita para um curso que seria realizado quando houvesse uma turma completa.

SEGUNDA PARTE

Relembrando a forma como aconteceu meu encontro com a Projeciologia, eu levanto a hipótese de ter estabelecido o nome da ciência como senha para acessar minha programação existencial (Proéxis) ainda durante o período entre uma vida física e outra (período intermissivo).

II

PARADIGMA CONSCIENCIAL

Para que o leitor possa entender o motivo de eu ter me identificado tão rapidamente com as ideias do Paradigma Consciencial será necessário voltar um pouco no tempo. Eu participava dos estudos introdutórios da doutrina espírita, fazia um significativo trabalho voluntário em benefício de consciências carentes, além de ter participado dos trabalhos mediúnicos e ter testemunhado inúmeros fatos que sugeriam a continuidade da vida, contudo ainda não me sentia completamente integrada, pois desde sempre tive questionamentos a respeito da submissão das pessoas à ditadura da religião e não me conformava com a afirmação de que o espiritismo estava assentado no tripé da Ciência, Filosofia e Religião; pois, no meu entendimento, Ciência e Religião são dois fatores completamente antagônicos e por não ter conseguido me libertar do medo da morte. Faltava alguma lógica em tudo o que eu havia aprendido até então.

Depois de conhecer o Paradigma Consciencial compreendi rapidamente o que me faltava.

Faltava entender que nossa capacidade de associação de ideias, raciocínio, discernimento, memória, imaginação e outros atributos não se perde com a desativação do corpo físico. Que a consciência não se manifesta apenas por meio do corpo físico, pois somos na realidade consciências que nos manifestamos mediante um conjunto de veículos.

Que em nossa existência física as energias têm influência direta em todas as relações entre pessoas, ambientes e situações, sendo de fundamental importância o seu entendimento, percepção e domínio para nossa saúde e, também, para a assistencialidade.

Eu tinha bastante conhecimento a respeito da questão da Serialidade, do fato de que não passamos apenas por uma única existência ao longo do nosso processo evolutivo, em períodos alternados entre a dimensão física e extrafísica; contudo, ignorava a importância da necessidade de lucidez para o maior aproveitamento das oportunidades oferecidas durante o período intermissivo, de superar as dificuldades e desenvolver aspectos positivos, enfim, um preparo para uma nova experiência intrafísica.

Eu desconhecia a filosofia da moral cósmica – Cosmoética, um princípio mais amplo que a moral humana, válido em qualquer tempo e lugar. Leva em consideração as múltiplas vidas, nossas relações interpessoais, a qualidade dos nossos pensamentos, sentimentos, energias e suas repercussões.

Me faltava o conhecimento de tudo que diz respeito às projeções de consciência, condição pela qual podemos vivenciar o universalismo, ou seja, o senso de interligação universal com todas as consciências, superando sectarismos e preconceitos de qualquer tipo.

Nunca havia me dado conta de que apenas o conhecimento teórico, crenças e especulações não eram suficientes para chegar a resultados mais realistas, e que a autoexperimentação, ou seja, a pesquisa da própria consciência, é muito mais eficiente.

Quando conheci a Conscienciologia e seu novo paradigma, senti que me deparava com um aprendizado mais avançado e profundo a respeito de quem somos, de onde viemos e para onde vamos. Passei a me interessar vivamente pelo fenômeno da projeção da consciência. Como era possível sair do corpo com lucidez?

A resposta estava no estudo da Holossomática, uma das premissas do Paradigma Consciencial: o conjunto dos veículos utilizados pela consciência para se manifestar na dimensão física e em várias outras dimensões; o corpo físico chamado de soma, o energossoma, o corpo energético, o psicossoma (corpo emocional ou espírito) e o corpo mental ou mentalsoma. Ao conjunto de veículos usados enquanto estamos na dimensão física é dada a designação de Holossoma.

Figura 1 – HOLOSSOMA

Fonte: ilustração de Pedro Marcelino

Durante a vigília física ordinária, todos esses veículos estão coincididos ou encaixados. No estado extrafísico, ou de relaxação profunda, ocorre a descoincidência ou desencaixe entre eles, caracterizando uma projeção de consciência (experiência fora do corpo).

Frequentando as palestras públicas e mais tarde os cursos, descobri que a Projeciologia é uma das especialidades da Conscienciologia. Me ocorreu que se eu pudesse sair do corpo, ter a lucidez de me ver em outra dimensão, talvez fosse possível descobrir minha procedência, ou seja, onde eu estava antes de vir para a dimensão física. E se pudesse voltar para o corpo com essas informações, com certeza eu conseguiria superar o medo da morte que me atormentava há tanto tempo.

Outro pensamento ocupava meu cérebro frequentemente, se alguém já havia conseguido produzir esse fenômeno e eu me dedicasse, estudasse e praticasse as técnicas recomendadas, com certeza também conseguiria, pois algumas pesquisas internacionais indicam que a projeção de modo consciente é alcançada por milhões de pessoas em todo o planeta.

Hoje, denominado de projeção de consciência ou experiência fora do corpo (*out-of-body experience* – OBE) por cientistas e pesquisadores, o fenômeno passou a ser estudado de modo científico, propiciando a autopercepção de que é natural e fisiológico e de que ocorre com todas as pessoas independentemente de seu conjunto de valores, credo, raça, sexo, idade, classe social e nível cultural, classificando-se como fenômeno universal; contudo, na falta de lucidez e rememoração durante as experiências extracorpóreas do fenômeno projetivo, muitas pessoas não acreditam em projeção de consciência. Quando recordam alguns detalhes ao acordar, pensam que foi sonho.

Segundo o médico e pesquisador propositor da ciência, por ser projetor lúcido desde os seus 9 anos de idade, o professor Waldo Vieira (1932-2015) declara: **"Sair do corpo humano, com lucidez, é a mais preciosa e prática fonte de esclarecimentos e informações prioritárias acerca dos mais importantes problemas da vida, elucidando-nos sobre quem somos, de onde viemos e para onde vamos"** (VIEIRA, 1996, p. 168, grifo meu).

Decidi participar do curso inicial de Projeciologia para aprofundar mais meus conhecimentos a respeito da nova ciência. Durante as aulas, eu ficava impressionada de ouvir os relatos das experiências de outros alunos e professores. Afirmavam ser comum a pessoa sentir-se flutuando acima do seu corpo físico. Outros diziam ser capazes de ver o próprio corpo adormecido no leito. Alguns projetores referiam-se às vibrações agradáveis em todo o corpo, sons ou ruídos dentro da cabeça, sensação de queda-livre, incapacidade temporária de mover o corpo físico, sensação de inchar ou inflar como um balão e vários outros sinais correlacionados ao fenômeno projetivo. Existem pessoas que têm uma soltura maior do que outras de seus veículos, por isso relatam algumas das sensações descritas acima com maior frequência, mesmo que em alguns casos não tenham ainda vivenciado uma projeção de consciência com bom nível de lucidez.

Eu costumava ter muitas dúvidas entre o que podia ser sonho, sonho lúcido e projeção de consciência. Percebia que outros alunos participavam das minhas dúvidas. Sendo uma dúvida frequente de alunos e pessoas inexperientes, imagino que possa vir a ser também a dúvida de alguns leitores. Por isso, vou transcrever a seguir algumas diferenças entre sonho e projeção.

Nos sonhos, assim como nos devaneios, imaginação, alucinação, desequilíbrio mental ou distúrbios psicofisiológicos não temos controle sobre nossas ações. Entretanto, na projeção consciente atuamos por nossa própria vontade e determinação. Há várias pesquisas evidenciando as diferenças entre a projeção e esses estados alterados de consciência.

Encontros: encontros lúcidos, diretos e autocomprobatórios da consciência projetada com outros seres intrafísicos conhecidos (conscins) ou extrafísicos (consciexes).

Interiorização: atos de interiorização lúcida, bem vivenciada, no corpo humano, da consciência quando projetada por meio do psicossoma.

Juízo: manutenção do juízo crítico espacial e temporal, durante todo o período projetivo, quanto ao soma conservado inerte, na base física.

Liberdade: magnitude do bem-estar, sensação de liberdade e noção quanto ao poder consciencial durante o período extrafísico da projeção lúcida.

Livre Arbítrio: autodeterminação direta de atos e vivências extrafísicas na vivência da projeção de consciência.

Memória: conservação das lembranças pessoais do estado físico, vígil, ordinário, durante todo o período extrafísico da projeção de consciência contínua.

Participações: participações da consciência projetada em eventos físicos ou extrafísicos, mas reais, não imaginados e confirmados posteriormente por ela mesma.

Raciocínio: manutenção sadia das faculdades do raciocínio durante a projeção consciente podendo se expandir no estado projetado.

Sons: ocorrências dos sons intracranianos antes e após a projeção lúcida.

Soma: exame direto do próprio soma, estando a consciência fora dele.

Translocações: paratranslocações da consciência projetada com lucidez em percurso ida-e-volta, no mesmo itinerário, com entrosamento lógico dos fatos.

O simples fato de estar tomando conhecimento de que tais fenômenos têm caráter natural, fisiológico e podem ser empregados como ferramenta de desenvolvimento pessoal, ampliando a compreensão a respeito de nós mesmos, dos outros, da vida e do universo com suas múltiplas dimensões já começava a diminuir minha ansiedade e insegurança em relação à morte (ou dessoma, denominação usada em Conscienciologia para a desativação do corpo físico).

Outro assunto que me deixou profundamente interessada foi a questão das energias. Posso dizer que eu era praticamente analfabeta na questão das energias.

Vou procurar introduzir o assunto, pois será necessário a alguns leitores para o entendimento de alguns fatos vivenciados por mim e relatados mais adiante.

As bioenergias estão presentes em todas as formas de vida, desde os seres vivos até as inanimadas, a exemplo do sol, terra e água.

Segundo as ciências da Projeciologia e da Conscienciologia, há duas realidades no universo: a consciência e a energia. A consciência é cada um de nós, a individualidade que não pode ser medida, mas estudada por meio de suas manifestações. Tudo que não é consciência é energia. A consciência utiliza a energia para se manifestar independentemente do tempo e do espaço. Para a energia não existe distância.

Elas estão dispersas no universo mesmo quando não são percebidas de forma consciente. Muitos as percebem de forma intuitiva. Os seres humanos absorvem energia vital e as qualificam produzindo pensamentos e emoções, o que as transforma em energia consciencial. Nós produzimos informações bioenergéticas quando pensamos e sentimos.

As bioenergias interferem em nossas vidas por sermos um sistema semiaberto. Recebemos e trocamos energias com o meio em que vivemos.

As fontes mais conhecidas de bioenergias são os alimentos, as plantas, o sol, o mar e o ar que respiramos. É a energia imanente que está por toda a parte de forma difusa. A energia está em constante absorção pelos seres vivos e tem recebido diferentes nomes em diferentes culturas.

O cansaço físico e mental, irritabilidade, mal-estar súbito, agressividade sem causa aparente e desconfortos generalizados têm relação direta com as bioenergias que trocamos constantemente com outros seres e ambientes. São condições geradas por descompensações energéticas ocasionadas por processos emocionais, os quais geram desequilíbrios e desperdícios de energia.

No âmbito das energias, raramente alguém se mantém neutro todo o tempo: doamos e absorvemos energias constantemente por meio dos chacras que sustentam essa estrutura energética. A pessoa que ainda não aprendeu a lidar com seu sistema vive com bloqueios, dificultando seu desempenho nas interações.

Pautada na experimentação e na aceleração evolutiva – o que configura seu ineditismo e diferenciação das demais linhas de conhecimento –, a Conscienciologia prioriza a evolução a partir do esforço pessoal, inserido em amplo mecanismo assistencial.

A mobilização e o domínio das próprias energias são fatores fundamentais para promover a descoincidência dos veículos de manifestação, conforme veremos já no primeiro relato projetivo. Quando mobilizamos nossas energias, aceleramos a frequência vibratória do energossoma, fazendo-a aproximar-se da frequência natural do psicossoma, fato que promove o desencaixe dos veículos desencadeando a projeção.

O domínio das energias amplia a condição de lucidez do indivíduo que se predispõe a qualificar seu desempenho na vida. O comando ocorre por meio do impulso da vontade pessoal de mobilizar as energias mais sutis, diferenciando-as das vibrações lentas do corpo humano. Entender e dominar as energias é um caminho para uma vida com mais equilíbrio, saúde consciencial e maior satisfação íntima.

A Conscienciologia traz a proposta de empregar os fenômenos parapsíquicos ou paranormais como ferramentas de pesquisa no entendimento de si mesmo e dos outros. Essa abordagem inovadora pressupõe que o pesquisador esteja aberto a experimentar realmente aquilo que está pesquisando, ou seja, que produza por si mesmo os fenômenos parapsíquicos a partir de técnicas que empregam a vontade e tire suas conclusões.

Me esforçava bastante, apesar do desconforto físico quase insuportável, devido às dores na coluna vertebral, ainda remanescentes da cirurgia, pois era difícil permanecer sentada durante horas, principalmente nos cursos de imersão, os mais importantes em matéria de informações e aplicação de técnicas realizadas em finais de semana em hotéis.

Mesmo com as dificuldades, eu era presença constante nos cursos, nas palestras e nos seminários oferecidos pela instituição, tanto que me tornei voluntária do Instituto Internacional de Pojeciologia e Conscienciologia. Aplicava as técnicas recomendadas com muito empenho e persistência (no Tratado Projeciologia – Panorama das Experiências da Consciência Fora do Corpo Humano –, o leitor encontra 43 técnicas para treinar a projeção de consciência) até finalmente começar a vivenciar a descoincidência dos veículos de manifestação e, a seguir, as primeiras projeções de consciência.

Frequentemente eu retornava para o corpo físico extasiada com as vivências, muitas vezes, também percebia claramente a atuação do amparo durante a assistência a consciências carentes ou enfermas. Empolgada com as novas descobertas e a ampliação dos meus conhecimentos, me aproximava cada vez mais da instituição e sempre que podia reciclava os cursos, porque gostava imensamente de ouvir os relatos de alunos e professores para compará-los com minhas próprias vivências.

Quando comecei a superar minhas dificuldades físicas, me tornei voluntária do IIPC, o que me dava a possibilidade de interagir com colegas e alunos.

Com frequência relatava minhas vivências aos colegas e assim fui convidada a me preparar para a docência. Não me sentia muito segura para permanecer de pé durante duas horas e meia de aula, contudo aceitei o desafio e rapidamente fui considerada apta para dar as aulas dos módulos básicos de Projeciologia.

Algumas crises de dor mais sérias me tiraram da sala de aula, mas eu não desistia. Usava as paradas para me preparar melhor e voltava. Me esforçava por me sentir em débito com as consciências amparadoras, pois era visível que algumas experiências mais significativas e valiosas eram patrocinadas por eles. O período em que dava aulas foi o mais produtivo para assistência às consciências carentes de informações. Quando eu relatava uma vivência projetiva minha, de algum colega ou dos muitos de quem procurava ler, para ilustrar ou esclarecer algum conceito, era o momento em que os alunos ficavam mais interessados e até interagiam mais entre si, dando assim oportunidade de esclarecer mais.

De tanto me ouvirem relatar vivências das projeções de consciência, meus colegas começaram a me incentivar a escrever um livro. Decidi compartilhar minhas experiências por meio do livro *Teoria e Prática da Experiência Fora do Corpo* (2006), de relatos projetivos. Nele relatei todo o processo inicial da percepção da multidimensionalidade.

Para aprofundar os conhecimentos básicos sobre a Conscienciologia algumas obras são indispensáveis. Alguns livros e tratados indicados podem ser baixados gratuitamente no site da Editares, a editora da Conscienciologia. Como os tratados *700 Experimentos da Conscienciologia* e *Projeciologia – Panorama das Experiências da Consciência Fora do Corpo Humano*. Nesse último encontramos pesquisas a respeito de outros fenômenos, relacionados ou não à projeção de consciência, tais como bilocação, clarividência, intuição, precognição, retrocognição, telepatia, experiências de quase morte, entre outros. Ambos são imperdíveis.

12

EVOLUCIOLOGIA

A Evoluciologia é a especialidade da Conscienciologia aplicada aos estudos da evolução das consciências abordada de modo integral, holossomático, multiexistencial, multidimensional, em alto nível, matéria específica do orientador evolutivo.

Abordando de uma forma bem simplificada, a lei básica da evolução é: o menos doente e mais experiente ajuda o menos experiente e mais doente.

Quando chegamos a este planeta trazemos alguns talentos, habilidades e tendências que em Conscienciologia chamamos de trafores, que não dependem do meio em que nascemos, dos pais que nos foram dados e da educação que tivemos. É atitude inteligente descobrir quais são e valorizá-las, pois, com certeza, foram forjadas em batalhas vencidas sobre nossas próprias imperfeições. Em contrapartida, temos traços fardos de personalidade que nos retêm em baixo nível evolutivo, os trafares.

Somente a persistência e o autoenfrentamento poderão ajudar-nos a renunciar a tendências que nos prendem a níveis indesejáveis.

Libertar-se significa, quase sempre, ter que repetir as lições até que a flexibilidade, o jogo de cintura, o bom humor e a persistência nos enfrentamentos mostrem que estamos aptos a desafios maiores.

A neofobia, ou seja, o medo de enfrentar novos conhecimentos é o causador do atraso da maioria das consciências, pois mudanças, apesar dos imensos benefícios, dão trabalho. De modo geral, as pessoas não querem sair da zona de conforto. É tão mais fácil aceitar o pacote pronto e não pensar muito sobre evolução.

O problema é quando surgem as crises que nos empurram para o crescimento. Nesses momentos falta estofo para o enfrentamento e assim, de crise em crise, chega o dia de nos despirmos da neofobia e irmos em busca do esclarecimento, de saber mais sobre nossa procedência e analisar as opções possíveis para enfrentar um futuro mais ameno.

As ideias da espiritualidade, da caridade, do incentivo a melhoria e evolução pessoal estavam mais próximas da minha maneira de pensar do que qualquer outra filosofia conhecida na época; porém, quando conheci a Conscienciologia, meu intelecto se expandiu.

Novos conhecimentos, novas hipóteses, enfim, um novo paradigma sem as alegorias absurdas da bíblia, sem dogmas, sem sectarismos.

Ciência pura assentada na espiritualidade, na autopesquisa para evolução pessoal e assistencialidade.

Sendo essencialmente uma Ciência, a Projeciologia, que pesquisa e incentiva as projeções de consciência, mostra a realidade espiritual e a partir dela a fé cega não se sustenta mais.

Por muitos milênios, a religião controlou a mentalidade humana sem grandes ganhos sociais; nos últimos quatro séculos, com a consolidação da ciência, a humanidade avançou em ritmo inimaginável anteriormente, isso já deveria levar os religiosos a repensar suas convicções.

A Ciência não é perfeita, mas é a menos ruim das formas de pensar atualmente disponíveis.

Boa parte dos crentes, mesmo entendendo a racionalidade do argumento apresentado, emocionalmente não consegue deixar de adorar sua divindade. Essa resistência explica-se, em boa parte dos casos, pelo medo de punições ou resquícios de insegurança infantil de ter um pai protetor.

Se acaso existisse uma divindade, ela não teria atividades mais nobres para desempenhar além de ficar fiscalizando quais pessoas acreditam nela?

Por que um ser superior haveria de querer que os seres humanos o invoquem a todo momento fazendo promessas, como se o criador do universo fosse se submeter às barganhas dos seres humanos, jurando fidelidade e amor eterno? Tais posturas não combinam com a noção de uma consciência em tal nível evolutivo.

Como a religião não permite a comparação entre ideias diferentes, não produzirá consenso entre diferentes crenças e irá continuar dividindo a humanidade, justificando comportamentos sectários, intolerantes e anticosmoéticos. Há criaturas ainda necessitadas dela para sair do processo mais primitivo de comportamento humano; contudo, para uma grande parte da humanidade, já em determinado nível de entendimento e inteligência, com as informações disponíveis na atualidade, certos dogmas e fantasias das religiões são verdadeiros absurdos.

Nos primeiros contatos com a Conscienciologia, o que me causou alguma estranheza e até um pouco de compreensível dificuldade foram os neologismos.

Quando iniciamos o voluntariado na docência, sempre ouvimos alguns questionamentos sobre a dificuldade de entender a necessidade dos neologismos da Conscienciologia, em que corpo é chamado de soma, morte de dessoma, uma consciência que ainda vive no corpo físico é chamada de conscin, outra que já descartou o corpo físico é denominada de consciex, entre muitos outros que o leitor vai encontrar nos próximos capítulos.

Se o aluno, o leitor, o pesquisador, prestar atenção, vai habituar-se rapidamente com a novidade. São palavras analógicas que têm uma lógica irrefutável, por exemplo, dessoma no lugar de morte; morte significa o fim, o nada, a inexistência, e já nas primeiras experiências de lucidez extrafísica, o pesquisador consegue provar para si mesmo que a morte não existe ao reencontrar pessoas (consciexes) que pela lógica fisicalista não deveriam existir mais. Então, a palavra dessoma é bastante coerente com o que de fato ocorre, a desativação do soma (dessoma). A consciência, de modo geral, quando desativa seu veículo de manifestação mais denso, o mais adaptado para a dimensão física – o corpo humano –, também chamada de primeira dessoma, ainda permanece com o psicossoma, o veículo com o qual atuamos quando estamos projetados fora do corpo, contudo todos descartamos também o energossoma na chamada segunda dessoma.

Já no primeiro relato, veremos neologismos como paraperna, parabraço, paracabeça, parapé etc.

Depois de vários cursos, aplicações de técnicas desenvolvidas nos cursos e muito estudo, acabei por comprovar a realidade das experiências fora do corpo.

O período de preparação para a docência foi o mais produtivo em matéria de evolução pessoal, lucidez extrafísica durante as projeções conscientes em que parecia ser levada a vivenciar os fenômenos que deveriam ser explicados teoricamente em sala de aula.

13

RELATOS PROJETIVOS

PROJEÇÕES RELACIONADAS AOS FENÔMENOS PSICOFISIOLÓGICOS

1. Experimentando a Catalepsia Projetiva (02/07/2003)

Tenho estado com bastante dor nos quadris nos últimos dias. Após o almoço, deitei-me para repousar e cheguei a dormir um pouco.

Em determinado momento, acordei ouvindo um som muito forte de chiado. Tentei movimentar-me e não consegui.

Não cheguei a ficar assustada com o som que eu ouvia e as vibrações por todo o holossoma. Elas eram muito intensas e chamavam minha atenção mais do que o fato de não poder me movimentar.

Notei que o som e as vibrações diminuíram um pouco para, logo a seguir, voltarem com mais intensidade. Pensei:

– Estou descoinscidida, vou me projetar.

Tal como ocorreu na projeção de autoconcientização contínua, o estado vibracional intensificou-se de tal modo que todo meu energossoma se contraía e se expandia em movimentos cada vez mais amplos.

Constatei a soltura das parapernas e dos parabraços. Aguardei até que o som e o movimento de expansão se intensificaram ao máximo, então levantei a paracabeça, tive um pequeno ângulo de visão extrafísica e vi também minhas parapernas e parabraços agitando-se no ar.

Sentia-me presa pelo tronco. Me lembrei de uma projeção em que consegui me libertar por meio do rolamento lateral e comecei a forçar um movimento pendular com a intenção de me libertar do corpo físico.

Cheguei a produzir movimentos bem amplos e acho que teria conseguido sair se não tivesse ficado ansiosa demais, e assim os movimentos foram diminuindo até que os veículos se reencaixaram.

Antes de movimentar o corpo, abri os olhos e vi que o corpo físico não participou de nenhuma etapa de toda essa movimentação, pois continuava tapado, as pernas e os braços invisíveis aos olhos físicos, pois estavam sob as cobertas e com, inclusive, uma dormência nas mãos devido ao longo tempo sem movimento.

Foi interessante notar a diferença de luminosidade, pois ao erguer a paracabeça, tudo me pareceu muito claro, e ao acordar e abrir os olhos, o dormitório estava na penumbra, pois eu havia colocado um cobertor na janela para escurecer o ambiente.

Muito embora eu já não fosse tão novata nas vivências de projeção de consciência, nunca havia me sentido em catalepsia projetiva. Esse relato é típico de projetores iniciantes, quando, por assim dizer, estamos sendo apresentados a alguns dos fenômenos e, com o tempo, eles se tornarão rotineiros em nossas vivências extrafísicas.

2. A Dança dos Cabides (06/10/2004)

Após finalizar a técnica energética às 6h20, virei-me para o lado direito e adormeci imediatamente.

Lembro que passava pela porta do dormitório quando vi que uma das portas do guarda-roupa estava aberta e, em seu interior, uma fileira de cabides coloridos balançava. Pensei:

– O que aconteceu com os cabides?

Não lembro qual associação de ideias me fez perceber que estava projetada. Imediatamente pensei em aproveitar para ver novamente meu corpo deitado na cama.

Foi interessante notar que o dormitório se apresentava tal qual é na dimensão física. Estava escuro, no entanto destacava-se de forma luminosa a parte do roupeiro que estava aberta com os cabides coloridos em seu interior.

Pareceu-me que uma parte extrafísica justapunha-se à dimensão física. Era quase como observar a parte extrafísica como sendo a realidade e a parte física como sendo o negativo de uma foto (é difícil explicar).

No primeiro momento não consegui ver meu corpo, mas vi a cama desarrumada e pensei:

– Meu corpo tem que estar aí.

Subi na cama e vi meu rosto (o corpo estava deitado do lado direito, exatamente como estava quando acordei).

Procurei fixar detalhes, examinei os cabelos brancos e me achei envelhecida, mas não senti a emoção e o desamparo da primeira vez. Ao contrário, fiquei feliz, quase eufórica.

Interessante não ter sentido a atração magnética normalmente exercida pela proximidade do corpo.

Num impulso, pulei para dentro do corpo.

Logo em seguida, num falso despertar, procurava olhar o calendário do meu relógio para me certificar do dia, do mês e da hora para gravar a experiência a que dei o título de "A dança dos Cabides" ainda na condição de projetada.

Tive dificuldade em ver o calendário do relógio e essa confusão entre a projeção e a realidade acabou fazendo com que eu realmente acordasse.

3. A Elasticidade do Psicossoma (23/04/2014)

Ao finalizar a técnica energética, me deitei de lado e adormeci. Em seguida, me percebi na cozinha conversando com alguém e logo o Manoel apareceu carregando nos braços vários pedaços de lenha para fogão. Eu achei graça e disse para ele levar a lenha de volta, pois não usávamos mais fogão à lenha.

Já em outro ambiente, vi uma moça brigando com o marido. Fui lá para acalmar os dois e depois saí dali pegando uma rua à minha direita.

Olhei para a copa de uma árvore e desejei chegar lá. Senti que me erguia do chão e surgiu a lucidez extrafísica e o conhecimento de que estava projetada.

Pelas paredes das casas podia perceber que continuava subindo lentamente. Temi que perdendo o foco da projeção retornasse para o corpo e procurei me concentrar na volitação.

Já bem no alto, acima da copa da árvore, olhei para cima e vi um raio de sol saindo detrás de um edifício alto. Me concentrei com o objetivo de chegar lá em cima.

Gozando novamente a delícia do voo livre, consegui chegar no alto do prédio agradecendo aos amparadores por me proporcionarem novamente a lucidez e a possibilidade de sentir a maravilha do voo extrafísico.

Observei a paisagem linda, o mar azul distante. Já sentindo-me mais segura saí volitando muito feliz.

Olhando para baixo, vi duas moças e, vendo que elas também me viam, convidei-as para volitarem comigo, uma delas me estendeu os braços querendo ir comigo. Peguei sua mão e subi mais alto pensando que a jovem estava ao meu lado, porém, quando olhei para trás, vi que ela continuava parada no chão e que seu braço tinha se esticado tal qual faixa elástica. Soltei a mão da moça e nós três rimos divertidas com o inusitado da situação.

Logo notei que voltava para meu dormitório, mas ainda me percebendo descoincidida, consegui rememorar todos os detalhes da projeção. Movimentava-me ainda livre do soma. Até pensei em sair novamente, contudo a atração magnética do cordão de prata me puxava e tive vários encaixes e desencaixes antes de acoplar firmemente ao corpo físico.

PROJEÇÕES RELACIONADAS AO ESCLARECIMENTO

Tive inúmeras projeções em que me via no papel de professora esclarecendo variados tipos de alunos, inclusive crianças. Em uma delas, eu estava inscrita para participar como docente de um Curso Integrado de Projeciologia intensivo no mês de janeiro.

4. Grupo de Alunos Inscritos no Extrafísico (16/02/2010)

No início do mês, quando ainda estava me preparando para as aulas, certa noite me percebi caminhando na rua em busca de uma condução que me levasse para casa. Entrei em um lugar parecido com uma loja. Esbarrei em uma porta e, nesse momento, fiquei lúcida, quanto ao fato de estar projetada, e a loja transformou-se em sala de aula com um grupo de mulheres me observando. Um pouco confusa, sem saber bem o que fazer, decidi aguardar alguma pergunta. Uma delas tentou perguntar algo a meu respeito, contudo não conseguiu formular a questão. Foi uma percepção telepática. Decidi me apresentar dizendo:

– Sou pesquisadora da Conscienciologia, a ciência que estuda o ser de modo integral, com seus quatro veículos de manifestação.

Uma das mulheres perguntou se a pessoa teria quatro espíritos.

Respondi que o espírito era apenas um dos veículos que o ser humano utiliza.

Continuei falando por algum tempo até acordar sem perda de lucidez.

Registrei a vivência como de costume e tive uma surpresa no dia em que iniciamos o CIP intensivo. Reconheci de mediato uma das alunas como sendo a mulher que tentou me fazer a pergunta articulada durante o evento projetivo e não conseguiu.

Registrei o fato como a hipótese de a turma de alunas já estar formada na dimensão extrafísica, mesmo antes de iniciar o curso.

O período em que me preparava e dava aulas foi o mais produtivo para assistências às consciências carentes de informações. Em sala de aula, percebia que ao relatar uma projeção para ilustrar ou esclarecer algum conceito, era o momento em que os alunos ficavam mais interessados, faziam mais perguntas e interagiam mais comigo e com os colegas.

Era bastante comum ter projeções extrafísicas sobre as aulas, não somente minhas, mas também as dos colegas do IIPC. Tive períodos em que predominava a sensação de dupla jornada. Dávamos aulas durante o dia e às vezes também durante a noite, para alunos extrafísicos.

Em novembro de 2010, eu atendia uma turma de alunos, à tarde, juntamente a outras duas colegas. Em determinado dia, acordei rememorando uma projeção em que nós três nos encontrávamos em um ambiente bastante simples, com paredes escuras, de reboco sem pintura.

5. Palestra Extrafísica Para Mulheres (23/11/2010)

Minhas duas colegas e eu estávamos sentadas entre outras seis mulheres num círculo, e quem falava era uma das minhas colegas (J. M.). Em determinado momento, ela disse:

– Agora, a Silda vai falar a respeito da experiência dela.

Comecei a contar da minha situação antes de conhecer a Conscienciologia, de como vim a conhecer a Ciência, as primeiras experiências e, conforme eu falava, o círculo de mulheres se ampliava. O ambiente também se alargava conforme a quantidade de mulheres que apareciam. Todas pareciam estar gostando do que eu falava, pois interagiam e faziam muitas perguntas, até que entrou uma mulher e começou a falar muito alto atrapalhando a palestra.

Interrompi o que dizia e pedi:

– Senhora, por favor...

Minha intenção era começar a mobilização de energias com todas, mas a interrupção desfez o campo e minha palestra perdeu o impacto. Nesse momento, começaram a entrar no recinto crianças pequenas que vieram se aninhar ao lado de todas nós. Me lembro especificamente do rosto de um menininho que se sentou ao meu lado e sorria muito.

Minha vizinha, de cadeira, pegou no colo uma menininha que parecia ter apenas alguns meses. Me encantei com seus olhos, de um azul muito claro, e a segurei também. Perguntei ao menino se ele queria uma irmãzinha e ele respondeu que não.

O evento acabou e fizemos uma fila para sair do recinto. Passamos por um corredor muito escuro. Tentei acender a luz, mas não consegui. Comecei a perceber a coincidência do psicossoma ao soma e acordei com perfeita rememoração. Registrei imediatamente no gravador.

Tive algumas crises de dor mais sérias quando comecei a dar aulas e palestras, que me tiraram da sala de aula por algum tempo, mas eu não desistia. Usava essas paradas para me preparar melhor e voltava. Por sorte, os coordenadores do IIPC entendiam o meu problema e sempre me incentivaram a voltar.

Me sentia em débito com os amparadores que me proporcionavam experiências extrafísicas tão valiosas. Além disso, a vivência direta com criaturas desorientadas, carentes, imaturas e desesperançadas me motivava a aprofundar ainda mais minha habilidade de assistir.

Durante uma das paradas no qual fui obrigada, tive uma vivência também relacionada à tarefa do esclarecimento.

6. Palestra Inesperada (17/04/2008)

Ao acordar, me lembrei de uma projeção em que me encontrava conversando com minha colega Vera Hoffmann em uma sala, com aspecto de escritório, um prolongamento de uma espécie de galeria de artes.

Eu sabia que haveria uma palestra, pois as pessoas entravam e sentavam-se em bancos. Me surpreendi quando a Vera disse que eu estava escalada para dar a palestra. No primeiro momento, me senti um pouco contrafeita, mas fui para a sala. Vi que estava cheia de padres e, antes que eu me apresentasse, todos se levantaram e saíram.

Aguardei alguns momentos e, quando vi que havia outras pessoas, fui para a frente e me apresentei dizendo o meu nome. Nesse momento, lembrei que estava fora da docência e do voluntariado.

Senti falta de um roteiro – o Material de Apoio ao Professor (MAP), que usávamos em sala de aula ou palestras –, mas não desisti e pensei:

– Eu sei o que tenho a dizer.

Iniciei falando de holossoma e pesando bem as palavras. Repentinamente entrou um rapaz que tinha o braço cortado na altura do cotovelo. Ele atravessou a sala gesticulando e falando muito alto, foi até os fundos e me pareceu que reclamava algo com a Vera.

Tentei continuar, mas a voz do rapaz perturbava muito. Então, parei, fui até o fundo e pedi a ele que falasse mais baixo, pois estava atrapalhando a palestra. Ele sorriu e, para minha surpresa, concordou.

Quando voltei, havia apenas um homem no salão. Retomei a palestra e logo vi que havia várias pessoas atrás de mim e continuava chegando mais. Sempre pesando bem as palavras, comecei a falar de programação existencial.

Continuei falando, mas quando acordei não consegui me lembrar de todos os assuntos abordados.

Foi uma palestra tranquila até o momento em que percebi as manobras de encaixe no corpo físico.

7. O Que é Um Serenão? (01/03/2003)

Ao acordar, rememorei uma vivência em que me encontrava sentada na minha cama. Havia uma consciex ao meu lado, mas ela parecia pouco comunicativa. Nesse momento, chegou o colega A. K. e começou a conversar conosco.

Eu estava com o meu notebook ligado e procurava algo sobre um curso. O colega tirou-me o computador das mãos, fechou-o e disse:

Fala sobre o Serenão (*Homo sapiens serenissimus*) para ela.

Olhei-a e me lembrei de já ter falado muito sobre Projeciologia, mas tinha feito poucas referências sobre o Serenão. Comentei:

– Não vai ser muito fácil ela entender, mas vamos lá.

Comecei a falar sobre o Serenão fazendo referências a uma consciência que teria um nível evolutivo muito adiantado, um amparador universalista com lucidez permanente, dedicado a ajudar a humanidade a evoluir, com o poder de reurbanizar continentes inteiros e agindo somente para fazer o bem.

Ela parecia estar entendendo. Ainda esclareci que não era possível identificá-lo quando estávamos acordados, somente quando estivéssemos dormindo e projetados. Frisei isso várias vezes.

Ela me perguntou se, durante alguma projeção, eu já tinha conhecido um Serenão. Respondi:

– Não, ainda não encontrei nenhum pessoalmente, mas em certa ocasião alguém me mostrou uma foto de um Serenão (o que realmente aconteceu: foi em uma projeção no dia 16 de outubro de 1999).

Nesse ponto, levantei-me, ficando de pé na cama para mostrar como é que eu tinha visto a aura do Serenão.

Eu descrevia o que era visível na foto e o colega aprovava com a cabeça minha descrição. Nesse ponto, já não consigo recordar muito bem o que falei, mas sei que continuei falando e ela me escutava com atenção até que perdi completamente a lucidez ou a rememoração. Ao acordar, registrei o que lembrava.

Homo sapiens serenissimus. O popular Serenão, homem ou mulher com 100% de autoconsciencialidade intrafísica, o semeador da harmonia, o modelo evolutivo lógico para todos. Supõe-se existir, neste planeta, um serenão para cada bilhão de consciências (conscins e consciexes), chegou ao acume da evolução intrafísica, contudo prossegue em contato com os problemas humanos, não se distancia, nem se isola, participando e se envolvendo. O *Homo sapiens serenissimus* avança à frente dos pré-serenões, mas retorna sempre a fim de ampará-los. É o espelho apontando as potencialidades de cada conscin. É aquela consciência experiente na aplicação melhor da própria sabedoria (VIEIRA, 2003, p. 199; 377; 549; 1102; 1113).

A Presença constante nos cursos de Conscienciologia, tanto como docente quanto como aluna, a aplicação da vontade firme na mobilização básica de energias, repetindo o comando do percurso cabeça/pés, em um vai-e-vem por dentro dos limites do corpo até atingir Estado Vibracional, resultavam na alteração da frequência vibratória do energossoma, interface energética mais susceptível de descoincidência do conjunto dos veículos de manifestação da consciência.

A persistência e a prática dos exercícios energéticos são fontes constantes de pesquisa pessoal, pois desencadeiam repercussões psicofisiológicas conhecidas como Sinalética Parapsíquica Pessoal – sinais característicos e personalíssimos a cada pessoa.

A partir das experiências lúcidas para fora do corpo, o projetor passa a ter uma ideia da carência e ignorância da maioria das pessoas sobre o que acontece depois da morte biológica ou desativação do corpo físico. Grande parte delas ignora que já está vivendo em outra dimensão e permanece, às vezes, por muito tempo estagnada, perdida e até mesmo perturbando, de certa forma, os familiares, os desafetos ou os apegos que deixaram ao partir.

Baseados na percepção de que somos reservatórios de energia consciencial, principalmente enquanto utilizamos um corpo físico, foi desenvolvida uma técnica que consiste em um compromisso diário e permanente assumido com uma equipe de consciências extrafísicas mais evoluídas, amparadoras e voltadas para a assistência às consciências extrafísicas ou intrafísicas, carentes, enfermas e suas demandas, em uma caminhada conjunta, disponibilizando nossas energias mais densas e, consequentemente, mais eficientes na ajuda a conscins e consciexes.

A técnica é chamada de tenepes, neologismo resultante da síntese da expressão T(arefa) ENE(rgética) PES(soal).

Depois de um considerável número de projeções lúcidas relacionadas, em grande parte, ao esclarecimento e à assistência de consciências, mantive um diálogo mental com meu amparador, pois me pareceu na época já estar suficientemente madura para iniciar a tenepes.

Desde fevereiro de 2001, quando estive em Foz do Iguaçu fazendo uma imersão nos laboratórios do Ceaec, iniciei a tenepes.

PROJEÇÕES RELACIONADAS À ASSISTENCIALIDADE

8. No Laboratório da Tenepes (06/02/2001)

No momento em que me recostei na poltrona já senti a incrível diferença do padrão de energias do campo, que me parecia já instalado, independentemente da minha vontade ou interferência.

Fiz a mobilização básica e, quando passei à passividade atenta, a energia continuava a fluir em exercícios de exteriorização tão intensos que, às vezes, eu própria me sentia diluir em ondas de energia. Percebi que balançava vagarosa, mas intensamente.

Identifiquei um fluxo energético mais intenso saindo pela medula espinhal, desde a metade da cervical até a base da coluna.

Havia murmúrios de vozes, que pareciam vir de longe, como se houvesse um grupo de pessoas conversando em sala anexa, o que é impraticável na dimensão física, pois os laboratórios são individuais e isolados uns dos outros.

Ouviam-se os característicos estalidos de cargas energéticas (como de dois fios desencapados se tocando).

Em dado momento, senti uma mioclonia (contração muscular) tão intensa que ambos os braços físicos saltaram para cima.

Muitos quadros extravagantes e estranhos formavam-se na tela mental. Rostos, luzes e cores que se modificavam constantemente.

O momento mais significativo da experiência foi quando vi uma mão extrafísica pegar minha mão direita numa espécie de convite para uma caminhada de amparo mútuo, que me emocionou profundamente.

Assim como tudo começou às 19h15, cessou repentinamente às 19h55, quando me vi sozinha, na sala e percebendo apenas o zumbido do condicionador de ar.

A partir daquela data, procurei com mais afinco organizar minha rotina de vida e, finalmente, iniciei minha tarefa energética pessoal.

Ainda me sentindo em dúvida sobre qual o melhor horário para fazê-la, decidi me permitir passar por um período de experiência de, pelo menos, uma semana. Iniciei entre 10h e 11h da noite.

Fiz o exercício por dois dias e não ocorreu nada de especial.

Concluí que não era o melhor horário, porque me sentia cansada demais para ficar acordada o tempo todo e nos dias de aula tornava-se difícil esperar o horário, porque chegava muito dolorida e normalmente fazia um lanche, depois de um banho relaxante ia direto para a cama. Decidi, então, pelo horário das 5h às 6h da manhã.

9. O Terceiro Dia de Tenepes (09/05/2001)

Iniciei a tenepes e, conforme eu exteriorizava energias, percebia a descoincidência entre o corpo físico e o psicossoma. Entrei num Estado Alterado de Consciência, muito embora não tivesse perdido a lucidez.

Comecei a ouvir vozes. Escutei várias frases, só que naquele momento eu não podia registrá-las e acabei esquecendo.

Com os olhos fechados e concentrada em exteriorizar energias conscienciais assistenciais, eu tinha a estranha sensação de que estava em um ambiente enorme e cheio de pessoas (consciências).

Tive uma visão interna bem estranha. Acompanhei as mãos de alguém descascando um fio de várias camadas de muitas cores, até que, chegando à camada mais interna, apareceu um fio dourado, que foi puxado para fora.

Minha descoincidência se intensificou, minha lucidez diminuiu e, em determinado momento, senti um intenso arrepio. Com isso, minha lucidez voltou e percebi que a exteriorização de energias havia cessado.

Olhei o relógio e eram exatamente 6h. A tenepes havia terminado.

Notei que, desde o primeiro dia, o padrão de energias é completamente diferente do meu costumeiro padrão de exteriorização.

Descobri que a energia produz sons. Às vezes é como "vup, vup vup", outras vezes é um forte zumbido e tenho percebido também como se fosse o crepitar da chama do fogo.

Ocorrem, também, repercussões, principalmente nos ouvidos e sons intracranianos.

Ao final do estágio inicial de seis meses, a fase crítica da aplicação da técnica, por coincidência, ou não, eu passei por uma vivência impressionante.

10. Acoplamento com o Amparo (11/12/2001)

Acordei às 2h30 e as preocupações do cotidiano me fizeram perder o sono. Às 5h levantei-me para desligar o telefone e aproveitei para tomar duas colheradas de aveia com leite, pois já começava a sentir dor no estômago. A seguir, acomodei-me no leito para a realização da tenepes.

Como de costume, eu percebia as energias fluírem com bastante intensidade, independentemente da minha vontade. Meu estado consciencial alternava-se entre a lucidez e a inconsciência. Apesar de ter tido a sensação de que o tempo havia passado mais rápido do que o normal, olhei o relógio e vi que eram 5h55. Eu ainda sentia as energias fluírem, no entanto precisei mudar de posição, pois as costas doíam bastante.

123

Tirei os travesseiros de onde estava recostada e deitei-me sobre meu lado direito, com um dos braços sob a cabeça e a outra mão espalmada apoiava-se sobre o travesseiro diante do rosto, pensando em repousar mais um pouco ou talvez até dormir. Foi nesse momento que ocorreu o fato mais significativo em termos de fenômenos durante a realização da tenepes.

Tive a sensação de ser literalmente incorporada por algo que me penetrou pela parte posterior da cabeça e me subjugou completamente. Houve uma descoincidência do psicossoma apenas da cintura para cima e, através dos para-braços, iniciou-se a mais intensa exteriorização de energias que já pude sentir.

Me lembrei da expressão usada pelo Prof. Waldo, no livro *Manual da Tenepes*, em que compara seus membros a potentes lança-chamas. Era exatamente o que eu sentia. Mas o mais extraordinário de tudo foi a incrível sensação de intenso amor por tudo e por todos os seres que eu experimentava. Me sentia um canal, a energia fluindo através de mim. Era uma euforia arrebatadora tão intensa e senti nitidamente participar do holopensene da consciex que me incorporava. O pensene predominante que me arrebatava era:

– Vamos acabar com as dores deste mundo!

Não tenho como avaliar a duração do fenômeno (deve ter durado entre 15 e 20 minutos e fiquei lúcida e tranquila o tempo todo), pois no momento em que senti o desacoplamento, enquanto avaliava os lances e as sensações experimentadas, caí num sono profundo e acordei com a sensação de ter dormido muitas horas, mas olhando o relógio vi que eram apenas 6h55.

Quem poderá entender e julgar devidamente o ocorrido?

A assistência extrafísica pode ser feita pelo projetor, de muitas maneiras além da tenepes, quando a pessoa está predisposta. Existem incontáveis maneiras de fazer assistência às consciências carentes e enfermas na dimensão extrafísica.

A seguir relato outros tipos de assistência extrafísica possível e até comuns depois que o projetor adquire certo nível de lucidez e desenvoltura na tarefa assistencial feita diretamente às conciexes ou às conscins projetadas.

11. Aplicando Várias Técnicas (18/01/1997)

Noite de sexta-feira, na casa da praia, eu aguardava a chegada do marido quando recebi a ligação dele avisando que somente chegaria sábado pela manhã e traria os netos.

Fechei a casa e me recolhi pensando que seria uma boa oportunidade para aplicar uma técnica projetiva.

Havia passado a semana sozinha na casa da praia, providenciando a limpeza para o início do veraneio. À noite, limitava-me a tentar uma saída lúcida por meio do estado vibracional, contudo caía logo em profundo sono devido ao cansaço. Frequentemente acordava com a sensação de ter me projetado, interagido com várias consciências, sem conseguir rememorar os eventos, por isso, decidi estimular muito a glândula pineal tencionando rememorar as projeções.

A estimulação da glândula pineal teve um efeito extremamente estimulante. Estava completamente desperta, decidi então aplicar também a técnica da concentração mental. Nas várias vezes em que havia aplicado a referida técnica, havia entrado em estado alterado de consciência com muita rapidez.

Fixava a vela, mas não conseguia evitar os pensamentos saltuários. Teve momentos em que a chama da vela parecia aproximar-se de mim e não ao contrário como deveria ser. Quando já estava bem cansada (10h40), fui me deitar e como último recurso disse em voz alta:

– Vou me projetar e rememorar tudo!

A próxima coisa de que me lembro é estar volitando em pleno espaço aberto sem ver nada, em projeção cega. Eu procurava ver alguma coisa. Era como se eu estivesse de olhos fechados, mas estranhamente não sentia nenhum desconforto ou medo por isso. Lembrei que deveria estar sendo ajudada por meu amparador e senti uma grande vontade de vê-lo. Não me lembro de ter feito contato visual com alguém nesse momento, pois houve um pequeno lapso de lucidez ou rememoração.

Na sequência, eu já estava sobre um telhado, olhando uma espécie de jardim ou quintal de uma grande casa. Na dimensão extrafísica, pensamento é ação. Pensei em entrar e já me encontrava dentro da casa que identifiquei como sendo um hospital extrafísico.

Havia muitas consciências, todas elas de branco indo e vindo.

Uma mulher alta e magra chamou minha atenção. Telepaticamente percebi que ela estava preocupada com um sobrinho que tinha sido agredido e estava muito mal. Ofereci ajuda e ela me conduziu, através de várias salas, até o quarto onde estava o jovem.

Era um aposento escuro. Mal consegui ver o rapaz deitado de bruços. Fizemos um esforço para virá-lo e, nesse momento, vi o rosto do garoto, ou melhor, os olhos que pareciam vermelhos e alheios. Havia outro rapaz, um pouco mais velho, deitado ao lado do jovem.

Nós levamos o sobrinho dela através de dois corredores para outro local mais claro e limpo.

Deixei a mulher cuidando do sobrinho e saí andando pelos corredores pensando que tinha muitas coisas para fazer, mas não poderia demorar para não esquecer o que estava vivendo.

– Estou projetada. Preciso aproveitar e observar tudo o que puder para escrever um livro e esclarecer muitas pessoas. Tinha consciência de que as lembranças das experiências extrafísicas são muito efêmeras, mas naquele momento tudo estava claro em minha mente.

Na sequência, me percebi entrando num quarto pensando:
– Agora vou olhar novamente meu corpo adormecido, com calma.

Lá estava ele, eu o vi. Estava com a boca levemente aberta. Passei novamente a paramão pela cabeça e senti uma sensação boa, não o desamparo sentido na projeção da autobilocação feita anteriormente, mas uma sensação confortável de certeza, confiança e tranquilidade.

Reparei que havia uma distorção, pois eu estava vestida com uma camisola verde com bolinhas brancas, mas via meu corpo vestido com algo que possuía estampas na cor rosa. Meu corpo físico estava coberto com uma colcha de chenile branca, com detalhes cor-de-rosa (talvez, por isso, a distorção).

Decidi me interiorizar para registrar a projeção, mas parece que não consegui de imediato, pois lembro que permanecia ao lado da cama, pensando:
– Será que é a projeção definitiva?

Lembro de ter permanecido, por alguns momentos, pensando sobre as repercussões da projeção definitiva.

Até esse momento, eu tinha uma compreensão tão clara e ampla a respeito de tudo. Acordei às 2h40 e fiz imediatamente o registro do que ainda consegui rememorar.

Tenho usado com bastante frequência o recurso de aplicar sequencialmente várias técnicas para projeção consciente.

Apesar da persistência, nem sempre elas dão o resultado esperado, contudo o simples fato de darem resultados satisfatórios em algumas ocasiões ajuda a manter a motivação para persistir na tentativa de obter experiências melhores e mais lúcidas.

O fato novo é a projeção cega não representar absolutamente nada de negativo, desconfortável ou assustador, pelo contrário, me sentia lúcida, controlada e sendo bem objetiva em minhas ações.

É verdade que há lacunas, mas temos que considerar que a projeção foi realmente bastante longa e, dessa vez, não me deixei dominar pela ansiedade.

Foi com um sentimento muito profundo de respeito que desejei ver meu amparador.

Outro fato interessante: a ideia do livro surgindo na condição de projetada. Quando acordei, achei a ideia um tanto ambiciosa demais para meus padrões e por isso não divulguei essa projeção, apesar de ela mostrar claramente que a persistência em aplicar as técnicas sempre pode dar resultados positivos.

12. Defesa Contra o Assédio (03/12/2000)

Após a tenepes, dormi novamente e a seguir estava envolvida com uma consciência enferma. Havia mais alguém comigo e nos esforçávamos para levar a enferma para sua casa.

Através da escadaria larga de um prédio tentávamos conduzi-la. Ela se debatia como se estivesse tendo convulsões e sua expressão facial era de alguém aterrorizada por ver algo que nós não víamos.

Até então, eu não estava lúcida, mas ao notar que ela via algo invisível para nós, que tentávamos ajudá-la, surgiu-me a lucidez imediatamente. Vi uma consciência masculina vindo em nossa direção com uma expressão realmente ameaçadora.

Num primeiro momento, me senti amedrontada; mas, em seguida, como num reflexo condicionado, fiz a imposição de mãos, exteriorizando energias em sua direção. Ele não se afastou, mas permaneceu a uma certa distância, me encarando furiosamente e rodeava-nos como que procurando uma brecha por onde pudesse se aproximar. No entanto, eu estava atenta e repetia verbalmente as palavras:

Vai embora. Vai embora.

Ao mesmo tempo em que ajudava a controlar a consciência enferma que se debatia cada vez mais, eu procurava manter o controle do campo de autodefesa criado para afastar o assediador.

Com firme determinação, consegui dominar a situação e criou-se uma espécie de barreira entre nós e o assediador. Mas ele não desistiu, pois eu percebia sua presença, mesmo a distância.

A tensão provocada pela batalha energética acabou promovendo meu retorno ao soma.

O detalhe interessante é o fato de estar fazendo assistência com outra consciência antes mesmo de me perceber projetada.

13. Ônibus Voador (08/12/2008)

Acordei às 5h45 e preparei-me para a tenepes, mas em razão das três últimas noites terem sido muito mal dormidas devido à crise de hipertensão do Manoel, logo caí no sono. A seguir, me percebi dentro de um ônibus dirigido por alguém não identificado, mas não dei importância ao fato. Estava em uma atividade e não podia me distrair.

O veículo possuía um buraco ou espécie de alçapão no piso do corredor, através do qual eu puxava crianças para o interior dele, no entanto, quando eu olhava em volta não via crianças, apenas adultos dentro do ônibus.

O ônibus flutuava por uma região da baratrosfera bastante densa onde havia muitas crianças a serem resgatadas que, ao entrarem no veículo, de algum modo readquiriam sua condição de adultas.

Não cheguei a ficar completamente lúcida, pois, quando começava a analisar os fatos e a raciocinar com um pouco mais de clareza, acordei.

Nesse caso, deixei meu corpo disponibilizando as energias para assistência dos amparadores e saí de psicossoma para fazer assistência resgatando consciexes na baratrosfera? Isso é possível? É a primeira vez que fato semelhante aconteceu comigo. Dupla assistência. Não existe ociosidade para quem se predispõe a fazer assistência.

14. Consciexes na Linha de Montagem (23/09/2003)

Ao acordar, rememorei uma experiência extrafísica, na qual eu estava em um hospital e trazia consciências até uma sala onde havia uma mesa cirúrgica. Eu as colocava sobre a mesa para serem operadas por um médico, vestido tal qual os médicos intrafísicos, só não usava máscara cirúrgica, pois me lembro de ver o seu rosto.

O mais estranho é que a mesa cirúrgica parecia ser a parte inicial de uma esteira, muito semelhante à parte inicial de uma linha de montagem de uma fábrica. Eu colocava as consciências, aparentemente inconscientes, sobre a mesa, acompanhava a cirurgia e quando ela acabava, acompanhava o paciente por alguns momentos enquanto ele se deslocava pela esteira que subia, após a mesa onde o cirurgião operava, até ele desaparecer. Depois, eu ia até outro aposento e trazia outro para ser operado. Essa sequência repetiu-se três ou quatro vezes.

Houve um momento em que um dos pacientes, um homem, não estava inconsciente e reclamava de sua condição. O médico continuava a fazer seu trabalho tranquilamente sem dar importância aos seus argumentos e reclamações. Ele estava ansioso para que o médico resolvesse seu problema e por isso estava perturbado.

Quando os pacientes acabaram, fiquei conversando um pouco com o médico. Não me recordo do diálogo, mas me parece que ele me passava algum tipo de orientação enquanto começava a perceber alguns sons intracranianos e acordei.

Imediatamente fiz o registro do que recordava no gravador.

15. Assistência na Estação de Trens (21/08/2021)

Nesse dia acordei muito cedo. Me levantei, tomei banho e até comi uma fruta enquanto aguardava a hora para fazer a técnica assistencial. A tenepes iniciou com a percepção de um campo muito bom, bastante intenso e tranquilo ao mesmo tempo. Surgindo muitas ideias interessantes para serem exploradas. O acoplamento era tão intenso que me percebi expondo as ideias ao modo de palestra.

O período da técnica já deveria estar praticamente no final, quando comecei a sentir sono, fato normal considerando que tenho sofrido muito de insônia, todavia dificilmente durmo depois da técnica, apesar de ser ainda muito cedo.

Não querendo me movimentar e acender a luz para evitar perturbar o campo que continuava muito bom, mentalizei uma comunicação com o amparo. Se eu dormisse antes da finalização da tenepes, eu continuaria a disponibilizar minhas energias para a assistência até o final.

Fiquei por um tempo, que não saberia precisar exatamente quanto, entre o sono e a vigília até que, de repente, ouvi uma voz de mulher dizendo claramente o meu nome, como se estivesse chamando minha atenção para o final da técnica ou me liberando.

Naquele momento, percebi o campo já dissipado, então retirei os travesseiros em que me apoiava e rapidamente adormeci.

A próxima coisa de que me recordo é estar em um lugar público sozinha, mas com muitas consciências indo e vindo. Mais tarde, confirmei que era uma estação de trens.

Minha atenção fixou-se sobre um casal e um menino que passavam. O homem caminhava com o braço sobre os ombros da mulher e a criança caminhava alguns passos na frente do casal. Ouvi nitidamente quando alguém que estava muito perto de mim, mas que não consegui identificar, disse:

– Este é um abusador!

Imediatamente fui atrás. Eles já tinham desaparecido por uma porta, no fim do longo corredor principal da estação. Quando atravessei a porta, vi a mulher parada num canto com o rosto vermelho, machucado e chorando. Ao lado da mulher havia outra porta que dava para uma saída. De onde estava pude ver, a uma distância de mais ou menos dez metros, o mesmo homem xingando e agredindo o menino na cabeça.

Fiquei onde estava e comecei a mandar energias. Logo depois, como se tivesse percebido alguma coisa, o homem parou e o menino correu.

O homem me encarou com firmeza e começou a vir na minha direção. Eu, sem vacilar, continuei encarando-o de volta. Ele continuava vindo e, quando já estava bem perto, plasmou uma arma, tipo metralhadora, porém com um bocal largo.

Ele subiu os dois degraus da porta na entrada para a estação, ficando um nível mais alto do que eu, e continuava a me encarar ameaçadoramente apontando aquela arma na minha direção.

Nem por um momento temi que aquela arma pudesse me fazer mal e continuei firmemente enviando energias até que ele se afrouxou todo, se virou e correu.

Depois disso, entrei e não vi mais a mulher. Chegou um rapaz trazendo alguns volumes, os quais procurava guardar em escaninhos fechados, tipo armários.

Depois disso, não recordo mais nada coerente. Não retornei imediatamente para o corpo, contudo a rememoração veio em bloco.

Além da assistência às consciências desconhecidas, a técnica pode ser utilizada para assistir as consciências do próprio grupo familiar.

Não posso deixar de mencionar alguns detalhes de certas projeções que envolvem o polêmico assunto das exoprojeções e até extraterrestres.

16. Corredor Energético (28/10/2000)

Nas primeiras imagens que me recordo, eu chegava a um local com alguém muito íntimo. Era um lugar à beira-mar, havia pessoas (é muito difícil exprimir em palavras) e me parece que se podia trocar de personalidade com elas (eu seria uma dessas pessoas). Depois havia uma troca novamente e eu voltava a ser eu mesma.

Havia outros lances onde se procurava acertar frutas enormes que estavam sobre prateleiras altas e quando elas caíam nas mãos da gente era como se fossem feitas de algum material muito leve e maleável, quase como brinquedos.

A parte mais interessante foi quando nos dirigimos a uma área mais próxima da água, de um verde intenso e maravilhoso (não há nada na dimensão física comparável). Dentro da água, porém na parte mais rasa, havia, como que ancorados ou presos de alguma forma, corpos de extraterrestres. Eram criaturas completamente diferentes de nós e estavam vestidas com uma roupa especial parecida com um escafandro cobrindo-lhes, inclusive, a cabeça. Apareciam somente os olhos (muito grandes), a boca e o nariz.

Tive a intuição de que eles tinham que permanecer molhados para sua proteção.

Eu e a pessoa que me acompanhava subimos num tipo de plataforma invisível — algo semelhante ao que existe nos parques de diversões, em que subimos em um carrinho e somos levados por algum trecho, tipo trem ou montanha russa –, só que ali não existia carrinho nem plataforma. No entanto, havia um espaço definido parecendo ser um corredor energético que saía da praia, entrava mar adentro, ia até bem próximo da rebentação, onde as ondas eram enormes e quase nos cobriam.

Quando se entrava nessa espécie de corredor energético, a sensação era de volitação livre, mas o espaço era definido, pois outras pessoas vinham atrás de nós formando uma fila indiana. Estávamos de pé e a pessoa junto a mim me segurava unida, ligada, colada, próxima ao seu corpo para que eu me sentisse tranquila.

Quando estávamos mais ou menos no meio do percurso, eu disse:

— Eu vivo me projetando aqui. Este lugar é maravilhoso.

— Às vezes ele se apresenta assim, outras vezes ele se apresenta com plataformas entrando por cima da água.

Chegando do outro lado onde se deveria descer, observei que havia mais corpos, submersos, de extraterrestres.

Ainda não tínhamos chegado ao outro lado e eu ainda sentia o intenso influxo energético já comecei a ouvir o cachorro da vizinha latindo. Acordei muito a contragosto, com uma vontade imensa de permanecer ou voltar àquele local.

Um fato para se pensar a respeito – quando projetados temos acesso a fatos dos quais não temos nenhum registro em nossa memória sediada no cérebro físico. Durante o transcorrer da projeção, descrevi com muita precisão um lugar do qual não tenho a mínima lembrança, contudo acessível no transcorrer da projeção enquanto utilizava o paracérebro do psicossoma.

17. No Túnel Para o Futuro (15/04/2001)

Acordei por volta de 3h da manhã e, percebendo que havia perdido o sono, decidi ir para minha base física, dormitório usado para aplicar técnicas energéticas e projetivas com a intenção de obter lucidez extrafísica. A técnica aplicada foi a do estado vibracional.

Iniciei pelo relaxamento psicofisiológico, circulação das energias, até sentir um estado vibracional, sem muita intensidade, contudo estava em um relaxamento bastante intenso e senti que iria adormecer.

Sem conseguir precisar quanto tempo depois, me percebi caminhando ao longo da rua Rio das Contas, onde está situada nossa casa de praia. Ia em direção à Av. Paraguassu.

Vi uma mulher conhecida, porém tive a intuição de que não era dessa vida intrafísica. Cumprimentei-a, mas ela me olhou e não respondeu.

A seguir, reparei estar em um local que lembrava uma sala de testes ou laboratório, pois havia uma cadeira no centro, onde sentava-se uma pessoa de cada vez e, após permanecer sentada ali por algum tempo debaixo de um cone de luz muito intenso, ela saía e vinha colocar-se de encontro à parede. Era como se permanecesse num campo magnético que havia no local.

Tive minha vez e quando estava sentada na cadeira vi alguém se aproximar, mas, nesse momento, há uma lacuna na rememoração.

Depois, já estava em outra sala com o mesmo grupo de mulheres. Era como se eu estivesse na berlinda, pois todas me faziam perguntas. Lembro somente da última resposta que dei:

– Se tenho um cérebro capaz de criar um avião, como é que poderia acreditar que seria errado utilizar ou andar de avião?

Nesse momento, nova lacuna, apenas alguns flashes de um grupo de pessoas usando trajes de astronautas em um lugar que me pareceu ser um túnel.

Na sequência, já me vi sendo transportada por um tipo de foguete para uma nave estacionada no espaço.

Viajávamos por uma espécie de tubo. Quando chegamos à nave, mandaram que me sentasse e colocaram sobre minhas pernas um aparelho, na verdade um monitor de vídeo, quase como o de um notebook, com botões de controle ao lado do vídeo. Pelo monitor, eu podia ver que a nave onde me encontrava estava estacionada a uma grande distância da Terra, pois esta aparecia no monitor em azul e com o fundo escuro.

Alguém me passou uma informação telepática:

— Observa bem esta imagem. Ela é muito rara de ser vista.

Vi que a nave começou a se afastar, pois a Terra começou a ficar cada vez menor.

Não sei dizer quanto tempo durou isso, mas, em determinado momento, novamente de forma telepática, alguém me disse que eu poderia entrar num túnel do tempo em que seria possível ter uma imensa expansão de consciência com a aquisição de conhecimentos fabulosos, mas não era garantida a capacidade de manter a forma humanoide que tenho hoje.

Entendi que teria condições de ir para uma dimensão em que poderíamos ter formas completamente distintas da que temos aqui hoje.

Aquilo não me amedrontou. Aceitei o desafio, porém é impossível descrever, em linguagem humana, o que aconteceu a seguir. Talvez fosse possível comparar com entrar em um redemoinho em altíssima velocidade e acordar no corpo físico sem qualquer outra rememoração.

Acordei em estado vibracional intenso.

Não tenho a menor ideia de como classificar essa experiência totalmente inesperada, mas, de alguma forma, ela me parece muito importante.

Nessa vivência me vem a ideia de que, quando estamos na dimensão extrafísica, também estamos evoluindo, conhecendo novas tecnologias e vivenciando experiências inéditas, as quais precisam de muito equilíbrio emocional, maturidade e bagagem evolutiva para rememorar e colocar em palavras.

14

REENCONTROS

PROJEÇÕES DE ASSISTÊNCIA ÀS CONSCIÊNCIAS CONHECIDAS

Nas aulas e palestras, uma questão é objeto de muita curiosidade e diz respeito ao encontro dos projetores com seus entes queridos já dessomados.

Os encontros ocorrem, sim, e não somente com entes queridos que já desativaram o soma.

Além dos encontros com minha mãe, já relatados no meu livro *Teoria e Prática da Experiência Fora do Corpo*, eu tenho em meus diários projetivos alguns encontros extrafísicos com personagens que vocês, leitores, conheceram nos relatos referentes a minha vida profissional e outros.

Serei obrigada a omitir o nome de algumas pessoas, assim como tenho feito ao longo do livro pelo fato de não saber se eles, conscins, ou os familiares das pessoas falecidas estariam de acordo com a divulgação de fatos relacionados a eles em um livro como este.

Considero este capítulo muito especial pelo fato de ter tido a oportunidade de reencontrar e de algum modo, assistir consciências com as quais me relacionei de modo muito próximo enquanto ainda eram conscins.

18. O Resgate de Alguém do Passado (06/08/2006)

Após a tenepes, voltei a dormir e, em seguida (ou assim me pareceu), me percebi chegando no apartamento da tia

Matilde (a pessoa que me criou dos seis aos treze anos de idade). Havia várias consciexes na casa e elas reagiram de modo levemente hostil à minha presença.

Nesse momento, fiquei lúcida e, de algum modo, eu sabia que a tia já era uma consciex. Perguntei onde ela estava. Responderam que "estava dormindo".

Fui entrando e observando os ambientes com as repartições dos cômodos iguais ao que eram no tempo que lá morei. Observei que estava tudo muito desorganizado e lembrei que eu me criei nesse tipo de ambiente.

– Parece impossível que eu tenha vindo de um ambiente assim.

Entrei em um dormitório onde havia duas camas desarrumadas, mas não encontrei a tia. Fui ao outro dormitório e vi que ela estava deitada e semiconsciente.

Chamei-a dizendo que ela agora não precisava mais sentir-se doente. Eu iria levá-la para outro lugar onde iria recuperar-se. Pedi que se vestisse e ela obedeceu mecanicamente, como se estivesse sonâmbula.

Senti-me desconfortável com a situação, mas me lembrei da importância que ela tivera em minha vida, pois, apesar de suas crendices e extremo misticismo, havia ajudado a ampliar meus horizontes em relação à multidimensionalidade, embora de forma distorcida, havia me introduzido em alguns conceitos e fenômenos paranormais, como telepatia, fluidos, passes magnéticos etc.

Vendo-a ali completamente alienada e sonambulizada, senti uma vontade imensa de ajudar para que pudesse ter lucidez a respeito de sua situação. Olhei e vi que havia colocado um sapato preto e outro vermelho. Pedi que trocasse de sapato, mas ela não reagiu.

Fui levando-a para fora sob os olhares nada amistosos das consciências que estavam com ela, em um simulacro de sua casa. Depois disso, não recordo mais nenhum detalhe coerente.

Cabem algumas hipóteses a respeito dessa vivência: a tia foi durante toda a sua vida uma grande "Buscadora borboleta". Extremamente mística, buscava a ajuda de todos os tipos de médiuns, cartomantes e benzedeiras para seus problemas pessoais.

Eu mesma tive que acompanhá-la em vários desses ambientes (conforme foi relatado na minha biografia), na maioria das vezes, bastante pesados, energeticamente, e de modo geral, muito desagradáveis. Não foram poucas as vezes em que eu ficava muito assustada com os tipos estranhos que ela procurava, então, não seria de admirar se de alguma forma ela tivesse se tornado refém de consciências menos evoluídas que a mantiveram vampirizada durante todos esses anos.

Os próximos relatos são a respeito dos meus reencontros com minha querida amiga e ex-colega Maria Teresa, que tanto me ajudou quando eu, inexperiente, entrei no Senac.

Ela dessomou em 12 de maio de 2009, aos 53 anos de idade, deixando seu marido, sua mãe e seu único irmão completamente desolados.

Em 29 de junho de 2009 foi nosso primeiro e desastrado encontro extrafísico, em que o meu extremado emocionalismo, em vez de ajudar, parece que complicou ainda mais sua situação.

Em 27 de julho de 2009, nosso segundo encontro, e em 14 de outubro de 2009, no último encontro, ela já estava completamente lúcida, tanto que se lembrava de sua enfermidade antes de dessomar e se lembrou do apelido carinhoso com que costumava me chamar.

Menos de um ano depois, sua mãe também dessomou e seu irmão dessomou em 16 de abril de 2018, com a idade de 58 anos.

19. Emocionalismo Exacerbado (29/06/2009)

Em 29 de junho de 2009, após a tenepes, dormi e logo me percebi em uma grande sala, sentada em uma escrivaninha, trabalhando em alguma coisa que não consegui rememorar.

Quando levantei os olhos, vi uma amparadora parada do outro lado da sala observando e Maria Teresa parada a uma certa distância. Olhamos uma para a outra e, enquanto admirava seu lindo vestido branco, fiquei lúcida.

Ela me olhava como se quisesse aproximar-se, mas tivesse algum receio ou não estivesse me reconhecendo.

Comecei a me emocionar, pois estava plenamente lúcida quanto à sua condição de consciex recém dessomada.

Abri os braços para acolhê-la e ela pareceu perturbar-se, mas aproximou-se um pouco.

A essa altura, eu chorava sem conseguir me conter.

Pedi que me desse um abraço e ela me pareceu mais assustada. Vi que seu rosto se transfigurava apresentando várias fisionomias diferentes como se tivesse dúvidas quanto à própria identidade, e então fugiu.

A amparadora disse:

— Deixa ela agora.

Dirigi-me a ela perguntando:

— O que eu faço agora?

Ela encolheu os ombros e eu chorando cada vez mais descontroladamente acabei acordando.

Um mês e 17 dias após sua dessoma, nosso primeiro reencontro, cuja emoção sentida perdurou vários dias.

Não cansava de me censurar por não ter conseguido controlar a emoção. Me sentia frustrada ao pensar que ainda não tinha maturidade e suficiente controle para fazer assistência às consciexes mais próximas.

Dedicava muito tempo enviando energias de reequilíbrio e lucidez para a consciex e ao mesmo tempo procurava superar o traço do emocionalismo ainda muito intenso na minha personalidade.

20. Monitorando a Consciex (27/07/2009)

Acordei rememorando uma projeção em que, nas primeiras imagens, eu e Maria Teresa caminhávamos ao longo da rua Venâncio Aires em direção à praça Garibaldi.

Quando chegamos perto do Centro de Formação Profissional Senac (que eu havia ajudado a construir e equipar durante minha vida profissional), onde ela havia trabalhado antes de dessomar, pois disse que precisava entrar para pegar um material na sala dos professores, apesar de ainda não estar perfeitamente lúcida, já estava tranquila. Percebi sua preocupação com as aulas dadas quando ainda era conscin. Isso, dois meses e quinze dias após sua dessoma.

O ambiente era justamente onde lecionava, inclusive sua dessoma repentina deu-se em plena sala de aula, rodeada de seus alunos que tentaram socorrê-la.

Ao chegar na porta da escola, me surpreendi ao ver dois guardas observando-nos. Cumprimentei-os e segui Maria Teresa pelo corredor onde havia uma pequena claridade, suficiente apenas para ver sua silhueta.

Entramos em uma sala quadrada onde havia várias criaturas com aspecto de sonâmbulas.

Eu me encontrava lúcida da condição de projetada e analisando sua iniciativa de "pegar material na sala dos professores". Pareceu-me que eu exercia certo monitoramento junto à Maria Teresa. Lamentava seu estado de parapsicose, contudo procurava dominar a emoção, pois me lembrava da projeção anterior quando havia perdido o controle emocional e chorado em sua presença.

Maria Teresa aproximou-se entregando-me duas delgadas lâminas e dizendo:

– Toma, elas vão te ajudar nas tuas aulas.

Sentindo que não conseguiria mais segurar a emoção, voltei para o corpo.

Eu ainda não estava satisfeita com meu desempenho, pois, apesar de ter conseguido controlar a emoção, de perceber o real estado da consciex, o emocionalismo ainda me levou de volta ao soma.

21. Grata Presença (14/10/2009)

Adormeci após a tenepes e me percebi em uma casa grande e muito bem arrumada.

Chegou uma consciência masculina (um professor de Conscienciologia que não conheço da dimensão intrafísica). Eu o convidei a sentar-se junto a uma janela. Conversamos e lhe fiz muitas perguntas, as quais ele parecia responder com prazer.

A seguir, a casa começou a encher-se de gente. Eu sabia que haveria uma reunião de colegas da Conscienciologia.

Fiquei feliz ao ver que o Manoel se reuniu ao grupo e, sorridente, fazia perguntas.

Alguém me chamou para ver uma pessoa que chegava.

Entramos em uma pequena sala e vi Maria Teresa sentada em uma poltrona. Estava jovem e linda tal qual era quando a conheci.

Conversamos alegremente, vi seu rosto toldar-se quando perguntei por sua saúde. Baixou os olhos e disse:

– Estou bem. Notaste que já recuperei a voz?

Senti que estava ciente de sua situação, contudo ainda era doloroso mencionar algo que a fizesse lembrar-se de sua dessoma.

Tive uma vontade enorme de compartilhar sua presença com outras pessoas.

Chamei uma jovem (naquele momento era alguém muito importante para mim, embora não saiba de quem se trata agora na vigília física) e apresentei as duas.

Lembrei-me de chamar Manoel, que também gostava muito de Maria Tereza.

– Olha só quem está aqui.

Eles cumprimentaram-se alegremente.

Depois de algum tempo, vi que ela vestia uma gabardine, preparando-se para ir embora. Abraçou-me e disse:

– Tchau, Sildoca – forma carinhosa de me tratar quando trabalhávamos juntas.

Vi que a mãe se aproximava para levar a filha e comentei:

– Se eu tivesse contado a você que ela estava bem, não teria acreditado, não é mesmo?

– Não, eu não acreditaria.

A mãe de Maria Teresa também se apresentava rejuvenescida e mais alta do que era na dimensão física e estava acompanhada de um senhor de meia idade.

Ainda pude ver os três de costas, afastando-se, e já senti a vibração característica do acoplamento ao soma.

Interessante sua reação e comentário a respeito de sua saúde.

Depois da minha aposentadoria, havíamos passado alguns anos sem nos vermos.

Nosso reencontro havia sido pouco depois do lançamento do meu livro *Teoria e Prática da Experiência Fora do Corpo,* em 2006.

Eu não tinha notícias dela, contudo enviei um convite para o lançamento do livro à casa de sua mãe. Algum tempo depois, ela me ligou desculpando-se por não ter podido comparecer, mas muito curiosa a respeito do livro. Queria muito me ver e me convidou para um chá em sua casa, principalmente, para falar do assunto.

Passamos uma tarde agradável na qual fiquei sabendo do problema de saúde que afetara suas cordas vocais. Estava praticamente sem voz. Mais sussurrava do que falava.

Na mesma ocasião, dei a ela todas as informações possíveis a respeito da Conscienciologia, pois sabia de suas dúvidas a respeito das religiões e das filosofias. Tivemos muitas conversas a respeito enquanto ainda trabalhávamos juntas.

Eu lhe passava minhas convicções ainda no tempo em que voluntariava no espiritismo. Ela admirava meu trabalho na área social, mas nunca demostrou interesse maior pela doutrina.

Quando a reencontrei, ainda na condição de conscin, percebi que a situação não havia mudado. Ela continuava com as mesmas dúvidas. Confessou francamente sentir-se perdida a respeito de qualquer assunto envolvendo a questão filosófica ou religiosa, mas não refutou nem criticou as ideias do livro que prometeu ler e, assim, reatamos nossa amizade.

Com frequência nos comunicávamos por e-mail e telefone, recordo-me especialmente de uma vez em que ela me pediu para acompanhá-la a um médico. Estava nervosa, pois iria saber o resultado de um exame a respeito de seu problema de voz. O médico descartou qualquer procedimento que desse a ela esperança de tratamento ou cura.

Saímos do consultório e ela, desalentada, me disse que esse médico era sua última esperança. Tentei confortá-la, pois conseguia me colocar em seu lugar. Ela era professora, sua voz era sua ferramenta de trabalho.

Em uma de nossas últimas conversas, me relatou, um tanto desanimada, que havia sido aposentada, pois não conseguiria mais exercer a profissão que adorava; mas, juntamente ao marido, havia comprado um terreno em Gramado, onde estavam finalizando a instalação de uma pousada, que ambos pretendiam administrar, e aguardava minha visita para passarmos algum tempo juntas e conversar mais.

Lamentei muito quando tive a notícia de sua dessoma prematura e repentina.

Talvez tivesse sido bom poder conversar mais com ela. De qualquer modo, eu posso estar errada, mas gosto de pensar que nossas conversas, a leitura do livro e outros comentários posteriores podem ter ajudado na sua rápida recuperação de lucidez extrafísica demonstrada em nosso encontro durante a projeção de 14 de outubro de 2009.

Vendo aquelas três consciências saindo, fiquei conjecturando se o senhor que acompanhava Maria Teresa e sua mãe não seria seu pai, famoso repórter fotográfico dessomado anos antes de eu conhecer as duas.

Um grupo familiar pequeno em que pude testemunhar muito amor, carinho e respeito entre seus membros, a rapidez de recuperação da lucidez pós-dessomática e a prova do reencontro de grupos familiares harmônicos.

22. Reencontro com um Cunhado (11/12/2009)

Acordei rememorando uma projeção quando caminhava em direção à minha casa.

Era noite. Antes de chegar ao portão, percebi um homem vindo ao meu encontro.

Chegando perto, vi que era um dos meus cunhados. Estava bonito, bem-vestido. Sorriu quando me viu e disse:

— Puxa! Pensei que não ia te encontrar mais.

— Você está bem? Por que não vens mais seguidamente?

— Os caras lá não deixam, mas estou com muitas saudades das tuas macarronadas.

Enquanto ele falava, eu ficava lúcida e pensava que suas palavras confirmavam o fato das consciexes precisarem obedecer às normas e não poderem se deslocar à vontade, em qualquer lugar, pois isso já havia ocorrido comigo. Eu já fora impedida, por força estranha, de ir aonde queria na condição de projetada.

— Podes voltar a sentir o sabor das macarronadas se te concentrares bem e te imaginares comendo.

Tive vontade de continuar conversando, contudo ele abanou com a mão esquerda e foi embora.

Entrei em casa eufórica. Encontrei o Manoel, projetado, sentado em sua poltrona, e disse:

– Tu não podes imaginar quem eu encontrei aí fora!

Acordei repentinamente, tanto que nem consegui ver a reação do meu marido.

É interessante analisar a diferença de comportamentos e vivências entre consciexes mais lúcidas, com certo nível de conhecimento, de outras que dessomam e parecem permanecer estagnadas, com as mesmas necessidades de sua vida física.

Infelizmente não tive chance de esclarecer um pouco mais essa consciência pertencente ao meu grupocarma e ainda ressentida da falta de uma comida, adorada em sua vida de conscin, depois de tantos anos vivendo na dimensão extrafísica.

23. Depoimento (01/03/2007)

Em 1.º de março de 2007, fui levada a um lugar por uma consciex feminina, de aparência jovem, onde havia uma mesa com várias pessoas sentadas em volta. Fiquei lúcida quando reconheci, entre elas, o presidente do Conselho Regional do Senac, que havia me recomendado para ser admitida na instituição há tantos anos (dessomado em 8 de fevereiro de 2007).

Dirigi-me a ele dizendo:

– Eu tenho uma dívida de gratidão com o senhor. O senhor foi responsável por eu ter sido admitida no Senac. Esse fato me ajudou, pois tive a oportunidade de desenvolvimento pessoal muito significativo.

Observei que minhas palavras lhe causaram grande emoção, pois vi lágrimas correndo por sua face. Tive a impressão de que ele estava sendo submetido a alguma espécie de interrogação e meu depoimento estava ajudando-o de alguma forma.

Antes de me afastar, ainda tive a impressão de que as outras consciências, em volta da mesa, também ficaram satisfeitas.

Acordei e, meio sonolenta, fiz o registro no gravador, mas dormi novamente e, em seguida, estava envolvida com um menino que, às vezes, assumia feições de homem e depois voltava a assumir a figura de um menino.

Saímos e as paisagens se alternavam. Em determinado momento, queríamos alcançar um sítio distante e teríamos que contornar vários prédios. Me dei conta de que podíamos atravessar sua estrutura, então mergulhamos nas paredes de pedra e as atravessamos.

Ao sair do outro lado, eu disse ao menino/homem que estávamos projetados e podíamos volitar. Ele pareceu admirado por um momento, mas saiu volitando com mais desenvoltura do que eu, pois, ao sentir certa dificuldade, voltei para o soma ainda sentindo as indescritíveis sensações da volitação e a vibração diferenciada ao atravessar estruturas físicas.

24. Uma Reconciliação (19/12/2001)

Me percebi em uma casa juntamente à minha irmã (que recebeu nossa mãe em sua casa anos antes de sua dessoma), na época ainda era conscin, e meu ex-cunhado (consciex). Eu indagava por minha irmã mais velha.

Reconheci que me encontrava em Curitiba/PR e tinha a certeza de que meu ex-cunhado sabia onde ela se encontrava, porém não pretendia abordá-lo, pois intuitivamente tinha conhecimento de que ele não me informaria nada. Meu cunhado conhecia o paradeiro dela.

Resolvi sair e rever a cidade. Iniciei caminhando, mas de repente me dei conta de estar volitando sobre um rio. Me perguntei se aquele seria o rio Iguaçu, mas observando melhor, vi que o fundo era todo feito de ladrilhos, então pensei:

– Não é o Rio Iguaçu. Isto é um lago artificial.

Depois, já estava novamente caminhando por uma rua escassamente iluminada e vi um grupo de mulheres vindo em minha direção. Entre elas, reconheci uma pessoa muito próxima da minha irmã quando ainda era conscin. Abordei-a e perguntei se ela tinha conhecimento do paradeiro da mana, pois eu pretendia despedir-me dela.

Houve um diálogo telepático, mas me recordo apenas de um comentário que fiz:

– Sei que, apesar de ser a mais nova das irmãs, eu posso ser a próxima a dessomar.

Observando o rosto da mulher vi que transparecia, numa espécie de superposição, o rosto da minha irmã. Então eu disse:

— Está certo, não precisa mais fingir. Eu já te reconheci. Me dá um abraço. Eu quero, se por acaso tiver restado algum ressentimento por qualquer coisa desagradável que tenha havido entre nós, que este ressentimento morra aqui.

Ela se aproximou e nós nos abraçamos emocionadas.

Nesse momento, eu soube que ela estava vivendo em outra comunidade e já tinha outro parceiro, cujo nome chegou a mencionar, mas foi esquecido.

A emoção tomou conta e nesse ponto acordei.

RELATOS EM QUE FOI POSSÍVEL CONFIRMAR DETALHES DA VIVÊNCIA NA DIMENSÃO INTRAFÍSICA

25. Uma Visita Inesperada (19/10/1996)

Acordei às 3h20. Sem sono, decidi ir para o dormitório usado para aplicação de técnicas energéticas e projetivas.

Fiz a mobilização básica de energias por aproximadamente uma hora e meia e, então, deitei-me sossegadamente do lado direito percebendo que ia dormir novamente.

Como das outras vezes, tudo iniciou num sonho onde eu estava numa espécie de estúdio tirando fotografias. O fotógrafo tinha uma máquina muito sensível para captar imagens. Ele me estendeu um envelope com as fotos. Abri-o ali mesmo e as fotos não eram o que eu esperava ver. Elas estavam diferentes. Apareciam várias imagens de mim na mesma foto. Raciocinei que a máquina havia captado, também, meu psicossoma. Era como se ela tivesse captado minha descoincidência.

Eu manuseava as fotos e pensava:

– Com elas, eu posso provar que somos consciências ressomadas.

Na sequência, eu chegava em uma casa com a porta aberta por onde vi um homem parado em frente à pia da cozinha. Ele parecia preparar uma refeição ou café. Era um homem alto. Se apresentava com o cabelo despenteado e uma expressão fechada no rosto e isso me fez sentir como intrusa. Vestia calças e uma camiseta regata (daquelas de tecido todo furadinho).

Perguntei por uma ex-colega e amiga que não via há muito tempo. Ele disse que ela estava dormindo.

Fiquei por ali, no pátio, em frente à porta. Quando ela surgiu, me senti como se tivesse chegado em hora imprópria, pois ela me pareceu desorientada, preocupada, como se não tivesse nada para me oferecer e isso a deixava aborrecida. Por alguma razão, nesse momento, me percebi lúcida na condição de projetada. Toquei minha nuca e senti um feixe de fios maleáveis, mais grosso na base da nuca e afinava conforme se distanciava (quase como um cone).

Chamei-a e disse ter uma coisa fantástica para lhe mostrar. Enquanto eu remexia na bolsa procurando as fotos, constatei que minha amiga estava sonambulizada e não entendia o que eu falava.

Tentei lembrar como eu havia ido parar ali, se nem ao menos conhecia o paradeiro da minha amiga.

Me ergui do solo mais ou menos 3 metros, mas algo me travou. Não consegui subir mais, contudo minha lucidez era extraordinária. Me lembrei do meu alvo mental, que era produzir um Estado Vibracional extrafísico.

Quando comecei a circulação fechada das energias, cheguei a sentir algo indefinível, mas em seguida verifiquei que retornava e gradativamente deu-se o acoplamento ao soma sem perda de lucidez.

Às 5h55 iniciei o registro da vivência.

Depois de algum tempo, recebi notícias da minha amiga. Ela estava morando em outro estado e nos comunicamos por telefone. Conversamos muito e contei a ela a respeito da vivência.

No dia 7 de abril de 1999 recebi uma carta dela com fotografias da cozinha de sua casa e emocionei-me ao reconhecer, no seu marido, o homem que preparava uma refeição quando cheguei, projetada, em sua casa. A disposição dos móveis da cozinha também confere perfeitamente com a cozinha, único cômodo da casa visto naquela experiência.

Na época da projeção, eu ignorava completamente onde ela se encontrava e mesmo assim fui parar, extrafisicamente, em sua casa.

A seguir, trecho da carta resposta que enviei para minha amiga depois de receber suas fotos e a confirmação dos detalhes vistos na projeção.

> [...] Eu já deveria estar habituada com as comprovações, pois já fiz várias, mas não pude conter a emoção ao ver as fotos que me mandaste. Reconheci teu marido antes mesmo de ler o verso da foto. Estava com uma expressão fechada e usava uma camiseta de física branca (ele costuma usar?).
>
> A disposição da cozinha confere perfeitamente, mas eu gostaria de saber se há uma janela na parede atrás da pia e do fogão (eu vi uma no local).
>
> Meu ângulo de visão era como se eu estivesse exatamente do lado oposto da porta onde você aparece na foto, pois o fogão, onde seu marido preparava algo, e a pia estavam à minha direita e não cheguei a ver por dentro. Só cheguei até a porta que dá para o pátio onde fiquei aguardando você aparecer.
>
> Na foto, dá para ver que tem um marco, mas eu gostaria de saber se há ali uma porta de saída para um pátio ou área aberta.
>
> Estou te enviando um relato de outra vivência para que confiras os detalhes, muito embora seja um pouco problemático acessar alvos mentais humanos.

Minha amiga não se conteve de curiosidade e, em uma conversa telefônica, conferimos os detalhes sobre os quais eu ainda tinha dúvidas. Tudo foi confirmado tal qual foi visto durante a projeção.

26. Encontrando um Alvo Mental (24/11/1998)

Acordei às 4h30 da manhã. Estava tranquila. Fiz várias vezes a Mobilização Básica de Energias (MBE), mas custei bastante a dormir novamente.

Em determinado momento, como num sonho, eu admirava o detalhe do piso de uma casa que havia sido reformada. Depois me observei, na direção de um veículo em alta velocidade e na contramão de uma avenida de Porto Alegre (Av. Alberto Bins). Num relance, surgiu a lucidez em alto nível.

Com perfeito controle, observava a grande quantidade de consciências que perambulavam por ali. Algumas pareciam muito ocupadas, preocupadas com seus afazeres, outras pareciam alheias a tudo, outras, ainda, pareciam perdidas, como se tudo ali fosse novo para elas.

Pude ver que a maioria era composta de consciexes, mas havia também algumas conscins projetadas (não me lembro de as ter identificado pelo cordão de prata, me lembro do meu raciocínio naquele momento).

Minha lucidez era tão acentuada que imaginava a surpresa de algumas pessoas conhecidas se vissem o local, que a essas horas deveria estar deserto, fervilhando de consciências.

Procurei lembrar meu alvo mental, cujo objetivo era encontrar uma amiga que tinha se mudado para São Paulo há vários anos e da qual eu desconhecia o paradeiro.

Programei esse alvo justamente para ver se teria suficiente competência projetiva para acessar um local intrafísico que não conheço, mas que pudesse ser verificado e confirmado posteriormente.

Faz algum tempo, venho me empenhando para a realização desse experimento, porém até agora sem resultado satisfatório.

Lembro-me de ter feito um esforço mental imaginando a pessoa que queria localizar e passei a sentir um deslocamento rapidíssimo, em que não pude sequer observar a paisagem. Proporcionava a sensação de estar viajando dentro de um tubo até que "apareci" no corredor de um edifício. Passei a observar os detalhes em mármore de um parapeito que ia até a descida de uma escada e, mais adiante, se transformava em um corrimão.

Continuava lúcida quanto ao meu objetivo e, então, girei sobre mim mesma e entrei num dos apartamentos (não lembro se entrei por alguma porta ou se atravessei a parede). Fui parar dentro de uma sala onde analisei todos os detalhes e me esforçava para reter na memória a disposição dos móveis e objetos. Estava lúcida em relação à fugacidade da rememoração de eventos extrafísicos, mas naquele momento, devido ao nível da minha lucidez, parecia impossível deixar de lembrar o que estava vendo com tanta clareza.

O retorno deu-se de forma inesperada, abrupta, sem lucidez e, para minha decepção, a sala tornou-se apenas um borrão na memória quando acordei.

Lembrava que a sala estava bem arrumada, havia um sofá estampado com detalhes em tom de azul forte, duas portas para entrar no apartamento e os detalhes do corredor.

Consegui fazer um desenho da planta baixa do local, mas levei alguns meses para localizar uma irmã da minha amiga a fim de checar os detalhes. Para minha surpresa, fui informada de que ela estava morando em Curitiba e não mais em São Paulo, mas consegui me comunicar com ela e confirmar os poucos detalhes de que consegui me recordar quando acordei.

Minha amiga ficou muito surpresa com a descrição, pois estava absolutamente correta com o local, inclusive o detalhe das duas portas de entrada do apartamento, pois revelou que era muito raro encontrar um imóvel com essas características na cidade.

Apesar de não ter conseguido ver minha amiga, trazer para a memória física os detalhes do seu local de moradia, vistos tão claramente durante a vivência, considero ter sido uma extrapolação, pois fui encontrar meu alvo mental, mesmo sendo em outro estado e não naquele fixado e no qual me esforcei para encontrá-la.

Foi uma vivência de curta duração, mas incrivelmente lúcida, com mais controle sobre as emoções e mais segurança.

27. Filme sobre a Revolução Francesa (03/01/2005)

Concluída a tenepes às 5h30, saí do quarto e abri a janela. Estava extremamente quente e abafado. Voltei para a cama na tentativa de dormir mais um pouco.

Minha próxima lembrança é a chegada ao meu prédio, tirando as chaves da bolsa para abrir a porta da entrada. No primeiro patamar da escada, vi uma caixa com algo colorido aparecendo parcialmente. A caixa estava sem tampa. Quando me aproximei, apareceu uma criatura vestida com roupas coloridas de palhaço fazendo caretas. Parecia querer impedir minha passagem.

Posicionei as paramãos exteriorizando energias e a criatura logo desapareceu. Entendi que era apenas um morfopensene e, nesse momento, acordei em intenso Estado Vibracional.

Dormi novamente e, já na condição extracorpórea, lembrei que minha neta estava de férias e tive vontade de convidá-la para ir ao cinema.

A seguir, já nos encontrávamos assistindo a um filme sobre a Revolução Francesa. Raciocinei que não era um filme muito adequado para uma menina de 13 anos de idade.

Em determinado momento, apareceu na tela um aviso de que o filme era dividido em 3 episódios e o episódio seguinte podia ser visto posteriormente. Saímos do cinema e fomos caminhando por lugares de difícil passagem. Ao passar por uma viela estreita, me perdi da menina.

Encontrei uma mulher idosa e perguntei:

— Perdi-me da minha neta. Onde ela está?

A mulher apontou uma direção e vi minha neta com outra menina de sua idade. Segui com as duas, pois estávamos levando a outra menina para a casa dela.

No caminho apareceu um homem, alto e claro, assediando as meninas. Coloquei-me entre elas procurando protegê-las do ataque da consciência, que percebendo minha disposição, afastou-se fazendo gestos com as mãos.

Comecei a me sentir muito cansada.

Nesse momento, meu marido se mexeu na cama e acordei.

Às 17h do mesmo dia liguei para minha neta e perguntei se ela tinha lido alguma coisa sobre Revolução Francesa ultimamente. Ela disse que havia estudado bastante sobre o assunto para os exames de final de ano e que até havia feito um trabalho sobre o assunto.

O fato confirma a teoria de que nossas ações extrafísicas são, em grande parte, reflexos de nossos pensenes e ações da vigília física ordinária.

15

RETROCOGNIÇÃO

Uma das premissas mais instigantes do Paradigma Consciencial é a da Serialidade.

A vivência de uma retrocognição durante uma projeção de consciência é de fato muito mais impactante do que qualquer tentativa de acesso ao passado por meio de hipnoses conduzidas por hipnoterapeutas, psicoterapeutas e outras técnicas em que a pessoa está na vigília física.

Em primeiro lugar, porque é um acesso da própria consciência à sua memória integral, um momento em que está utilizando um veículo mais sutil como o psicossoma, ou até mesmo o mentalsoma, o corpo das ideias (e certamente sede da holomemória), sem necessidade de passar a rememoração para o cérebro físico.

Em segundo lugar, porque a pessoa não estará sujeita às interferências das lembranças de alguma consciex presente no ambiente, das energias gravitantes deixadas ali por algum outro paciente ou, até mesmo, do próprio terapeuta; o que não quer dizer que uma retrocognição obtida por meio da hipnose, meditação ou durante a vigília física não possa ser legítima.

O assunto é vasto e controverso. Não deveria ser, se pensarmos que para cerca de um quinto da população mundial a ressoma ou reencarnação é absolutamente natural e óbvia.

Budistas, hindus, taoístas, celtas, entre muitos outros povos e crenças.

Sendo o tema que mais me chamou atenção naquele distante dia em que minha amiga Célia me introduziu no mundo espiritual, é obvio que foi onde mais busquei informações, nos livros.

Eu li alguns realmente muito bons e não vou esgotar o assunto aqui.

Hoje já existe a CONSECUTIVUS, Instituição Conscienciocêntrica cuja principal especialidade é a seriexologia com resultados verdadeiramente notáveis em suas pesquisas. Eu recomendo para quem quiser se aprofundar na pesquisa.

No livro *Teoria e Prática da Experiência Fora do Corpo*, relatei duas experiências, cujo realismo com que foram vivenciadas não me deixa dúvidas de que foram parte de vidas passadas.

Em 2003 tive outra retrocognição com impressionante clareza de detalhes e, tal qual as outras, em momentos impactantes (as que mais vincam a memória) de uma possível vida anterior registrada a seguir no próximo relato.

28. Abandonados em uma Ilha (05/07/2003)

Dormi bastante depois da tenepes e estou rememorando uma experiência com características de retrocognição. Me percebi como uma menina de aproximadamente 13 anos de idade, andando pelas ruas estreitas de uma cidade antiga com casarões sombrios. Usava saias volumosas e longas, blusa branca de mangas compridas e uma espécie de corpete ou colete ajustado ao corpo.

Um grupo grande de pessoas estava reunido em torno de um homem que falava a respeito de uma viagem.

Fomos colocados em um navio e, nesse momento, vi melhor o grupo todo. Havia jovens e crianças, mulheres com filhos, todos claros, olhos azuis e cabelos loiros.

Houve um período muito desagradável, enquanto permanecemos no porão do navio, sem luz, apenas percebendo seu movimento sobre a água. Eu espiava por uma fresta e avistei terra.

Aproximamo-nos da costa e fomos desembarcados. Vimos mais navios de vela ancorados no local.

Fomos alojados em um pavilhão enorme sem divisões internas. As pessoas agrupavam-se e demonstravam cansaço. A noite chegou e fomos dormir, cada um acomodando-se como podia junto aos familiares.

Acordei com o som dos gritos e a algazarra feita pelos componentes do grupo, pois os navios e as pessoas que nos trouxeram haviam desaparecido.

Fomos abandonados naquele local sem nossos pertences e sem recursos. Todos ficaram agitados, principalmente porque éramos quase que só crianças e mulheres. A não ser por alguns jovens, quase adolescentes, não havia homens entre nós.

Lembro até o momento em que as pessoas começaram a organizar-se, reunindo lenha e frutas, conscientes de que todos necessitavam se virar para sobreviver a partir daquele momento.

Depois disso, me percebi em outro local comentando o episódio com uma consciex, dizendo que pensava ter tido uma retrocognição. Ele até mencionou o nome do país (lamentavelmente agora não lembro qual) em que era costume fazer isso para promover o povoamento das ilhas. Talvez seja possível pesquisar se esse fato realmente ocorreu na história deste planeta. Se ocorreu, eu certamente estava lá.

Eu procurava manter o episódio do navio na memória, pois naquele momento me parecia muito importante registrá-lo, e procurava o meu gravador. Depois de ter conversado com a Consciex sobre o abandono das pessoas nas ilhas, lembrei que realmente aquele grupo de pessoas havia se organizado, constituído famílias entre eles e dado origem a uma cidade.

Ao acordar, gravei todos os detalhes que pude rememorar, pois a experiência fora muito real.

Durante algum tempo pesquisei tentando encontrar algum indício, na História Humana, da provável vivência retrocognitiva relatada. Encontrei uma pista quando comecei a entrar em sites de busca na internet com os títulos: "ilhas", "abandonados em ilhas" e outros.

Aparentemente, fatos semelhantes ocorreram na história do povoamento da Ilha de São Tomé.

Anteriormente eu afirmei que havia pesquisado e lido muitos livros sobre o tema da retrocognição ou vidas passadas (retrovidas, de acordo com denominação mais recente), contudo, tive uma experiência que não saberia classificar especificamente.

29. Presente e Passado na Mesma Vivência (13/05/2001)

Quando acordei para fazer a tenepes, me lembrei de uma vivência, em tudo semelhante a uma projeção de consciência, mas com características ao mesmo tempo de retrocognição e da vida atual de uma parte da cidade de Porto Alegre.

Eu caminhava pela avenida Cristóvão Colombo com outra pessoa, e a rua apresenta-se completamente diferente do que é agora. Estávamos na quadra entre as transversais Almirante Barroso e rua Conde de Porto Alegre. Suponho que o local talvez tivesse aquela aparência cem anos antes, pois na verdade me parece que essas duas transversais ainda nem existiam.

Olhando-se em direção à Avenida Farrapos, o que se via era como se ali houvesse uma espécie de várzea com algumas casas e um barranco na beira da atual Av. Cristóvão Colombo, onde se podia ver um pé de caqui com muitas frutas maduras, algumas caídas entre a grama. Tentamos apanhar algumas, mas não alcançamos, nem mesmo nos galhos mais baixos. Então, saiu uma senhora de uma das casas e disse:

— Peguem as do chão. Há alguns frutos muito bons no chão.

Cada um pegou algumas frutas e continuamos nossa caminhada em direção ao centro.

Reparei que as ruas eram calçadas somente até a Almirante Barroso, dali em diante, em direção ao bairro Floresta, a rua era de um tipo de saibro meio amarelado. Eu examinava o local e via só casas pequenas, de porta e janela.

Olhei para o lado esquerdo, onde existe o morro Ricaldone, atrás do grande supermercado, e vi que ainda não havia ruas, apenas algumas trilhas, também de saibro. Nenhuma casa, apenas vegetação.

Eu disse para a pessoa que me acompanhava:

— Olha só essa rua. Hoje quase não existem mais casas baixas aí. É quase um edifício ao lado do outro.

Enquanto falava, em minha tela mental se formava o quadro mostrando a rua tal qual ela se apresenta hoje em dia.

Era como se nós estivéssemos em algum tempo do passado, e eu, ao contrário do que acontece normalmente em uma retrocognição, descrevia para a pessoa como é o local nos dias de hoje.

Nós continuamos caminhando, eu me sentia triste e disse:

— Uma coisa que me intriga muito é esta questão do tempo. Nós nos programamos para fazer muitas coisas, porém quando se está na vida física, ele passa depressa demais.

Peguei um dos caquis e quando fui dar uma mordida, acordei. Olhei o relógio: eram 6h25. E eu tenho programado para fazer a tenepes às 6h30.

Invertendo totalmente a ordem natural das coisas, aparentemente, nessa experiência estávamos no passado, lembrando como é o lugar atualmente.

Em todas as pesquisas feitas, na quantidade de livros lidos, a maioria escritos por psicólogos, médicos, psiquiatras, pesquisadores, cientistas em todos os sentidos e até casos de colegas que pesquisam o assunto e têm sérios indícios de sua identidade em vidas anteriores, eu nunca ouvi ninguém relatar nada parecido.

Curiosa para saber se minha vivência fazia algum sentido, comecei a pesquisar fotos antigas do lugar, inclusive na Prefeitura, contudo não descobri nada a respeito. Fui conversar com minha amiga Célia que é octogenária, nasceu em Porto Alegre e sempre viveu naquele lado da cidade. Ela confirmou o aspecto descrito na vivência no início de século (1919). Lembra-se de fotos antigas de seus pais de quando era criança.

A região era habitada por carroceiros que, após o trabalho do dia (entrega de leite, pão, verduras e outros tipos de transporte de pequenas cargas), amarravam seus cavalos para pastar naquela zona. Por ser numa parte baixa da cidade e bastante úmida, havia lugares onde a vegetação era tão alta que era um problema quando algum cavalo conseguia soltar-se e embrenhar-se nos charcos formados com as chuvas. Sem saber, ela descreveu o local exatamente como eu o tinha visto na minha estranha vivência.

Voltando ao assunto das retrocognições, é preciso salientar a possibilidade de termos retrocognições de nosso período intermissivo (entre uma vida física e outra), consideradas as mais produtivas do ponto de vista evolutivo, devido à possibilidade de descobrirmos para o que nos preparamos e estamos aptos a executar ao ressomarmos nesta vida.

Enquanto procurava me aperfeiçoar para abraçar a tarefa do esclarecimento como docente dos cursos de Projeciologia, muitas vezes me questionei se ainda seria possível cumprir alguma etapa da minha programação existencial e até lamentava não ter acessado as ideias do Paradigma Consciencial quando era mais jovem, com maiores possibilidades de êxito.

Insistia em estabelecer como alvo mental uma projeção lúcida e rememorada ao lugar da minha procedência extrafísica. Depois de muitas tentativas, tive uma vivência que foi relatada no livro *Teoria e Prática da Experiência Fora do Corpo*, trazida aqui para falar de dois eventos ocorridos em épocas diferentes que, por hipótese, podem ter o mesmo protagonista.

Antes de falar sobre a próxima vivência, penso ser necessário voltar um pouco no tempo e falar de uma projeção acontecida em 16 de outubro de 1999.

30. A Fotografia de um Serenão (16/10/1999)

Me percebi entrando em lugar situado abaixo do nível da rua. Enquanto descia um lance de escadas de pedra, encontrei uma consciência que, ao me abordar, perguntou se eu queria conhecer um Serenão. A seguir, mostrou-me uma fotografia em que aparecia um homem jovem vestido de árabe com roupas brancas caminhando na rua de uma cidade muito populosa.

As outras pessoas estavam vestidas igual a ele, porém tinham um aspecto cinzento perto dele. Ele era um farol luminoso destacando-se na multidão e sua aura se apresentava como um balão luminoso atingindo as pessoas à sua volta, dando a impressão de não causar nenhum efeito nelas.

O estranho é que, nesse momento, a fotografia adquiriu movimento como se estivesse vendo um vídeo ou, de alguma forma, eu visse algo ocorrendo a distância de onde me encontrava.

Ver aquela imagem causou um profundo impacto. A visão, mesmo remota, provocou um sentimento inexplicável de saudade, de algo indefinível, que era ao mesmo tempo de euforia e de perda.

Retornei ao corpo físico com o firme propósito de questionar o professor Waldo Vieira se ele teria conhecimento da existência desse Serenão do mundo árabe.

Escrevi uma carta relatando a experiência com a pergunta, contudo nunca obtive resposta.

Voltei a ter uma vivência na noite do dia 21 de setembro de 2002, em que eu supostamente acessei cenas de meu período intermissivo e voltei a encontrar a mesma consciência.

Alguém me pediu para chamar os alunos para continuação da aula. Eu caminhava entre as consciências, a maioria jovens, até que avistei um homem em especial, que eu ainda não havia encontrado naquele lugar. Foi um sentimento instantâneo de familiaridade. Ele vestia uma túnica cinza azulada comprida sobre calças brancas. Eu parei, pois a visão daquela consciência despertava em mim um inusitado sentimento de reencontro. Uma alegria mesclada de saudade.

Ele era alto, magro e aparentava a idade de 40 anos. Eu sabia que deveria chamá-lo, mas receava entrar no espaço de sua psicosfera, pois quanto mais me aproximava, mais a emoção tomava conta de mim e sem poder me conter, eu chorava. Instintivamente sabia que se tratava do mesmo Serenão visto em foto anos antes. Seu padrão de energia era tão intenso que não consegui me aproximar. Então lembrei que tivera a mesma reação emocional junto ao epicon durante o último ECP2 de que havia participado nos dias 23, 24 e 25 de agosto de 2002, na cidade de Torres/RS. Era a terceira vez que minhas energias reagiam repercutindo intensamente nos meus sentimentos da mesma forma.

Considerando a exaltação de sentimentos ao identificar as energias, levanto a hipótese de ser o Serenão Tuaregue de quem ouvi comentários do professor Waldo pela primeira vez em 2012.

Questionamentos: será que de alguma forma, ao longo dos séculos, eu conheci essa consciência mais de perto?

Analisando o sentimento de perda, sensação de ter sido deixada para traz no quesito Evoluciologia, será que alguma vez eu fiz parte do grupo dessa consciência?

# TERCEIRA PARTE

16

APRENDIZADOS E RESGATES

Voltando aos acontecimentos da minha vida atual, a casa de Xangri-lá ficou pronta, contudo eu tinha encontrado algo muito melhor do que uma casa de praia para me motivar na busca de novos conhecimentos, vivências e assistência. Encontrara algo que iria me motivar para esta vida e possivelmente para as próximas.

Descobri que eu mesma era um universo fascinante a ser descoberto e decodificado. Sentimentos nunca experimentados afloravam quando estava projetada. Iniciativas, comportamentos me surpreendiam. Tão diferentes do meu dia a dia, contudo tão eu mesma, tanto nas retrocognições quanto em algumas projeções lúcidas.

Eu era outra pessoa a partir dos novos aprendizados que, de alguma forma, se ajustavam com tanta perfeição à minha personalidade. Às vezes, não conseguia explicar o sentimento, mas tinha a impressão de que eu havia me encontrado de alguma forma. Nunca mais veria um filme com o olhar emocionado de antes, nem leria um livro sem uma visão mais abrangente descrita nas entrelinhas. Aprendi a ver fatos não revelados nos diálogos com as outras pessoas, conseguia ver uma realidade mais ampla do que a estreita visão intrafísica, muito embora raramente seja possível comentar com alguém a leitura que faço.

Embora tivesse encontrado interesses maiores, a casa da praia foi peça importante no contexto vivido na época. Provavelmente por ser um lugar com menos concentração de pessoas, próximo a uma quantidade enorme de hidroenergia, fitoenergia e consequentemente mais energia imanente, lá meus experimentos davam melhores resultados. Foi também uma época muito boa pela possibilidade de convivência com os netos do Manoel que, a essa altura, já eram quatro. Todos tiveram momentos muito bons lá, contudo chegou o dia em que foi preciso me desfazer dela.

O desapego e o desligamento emocional começaram com um arrombamento e furto do que havia de melhor na casa. Eu já não sentia segurança em permanecer lá sozinha.

Mais tarde, começaram as dificuldades financeiras para a manutenção requerida pelo imóvel. Eu já não podia ir com tanta frequência devido ao maior envolvimento com o voluntariado e a docência. Em muitos finais de semana tinha curso em Porto Alegre.

Enquanto eu começava a superar meus problemas de saúde, os do meu parceiro se intensificavam. Seus problemas cardíacos, as crises de dores faciais provocadas pelo nervo trigêmeo, além das dificuldades para caminhar devido ao desgaste da patela e ossos da bacia.

A casa foi vendida e o dinheiro empregado na compra de uma casa velha com ótimo terreno em zona promissora, porém distante do apartamento.

Inicialmente destinava-se ao estacionamento dos carros usados e colocados à venda, pois as dificuldades financeiras não permitiram manter a loja de veículos usados aberta. Durante algum tempo, Manoel passava os dias na casa cuidando da compra e venda.

Quando não tinha atividade no IIPC nos finais de semana, eu também ia para lá ficar com ele. Havíamos improvisado uma cozinha e, com o tempo, ele improvisou também um dormitório para poder descansar durante algumas horas durante o dia devido às dores. Com o tempo, ele passou a preferir ficar na casa velha a enfrentar as escadas do edifício todos os dias.

Eu ficava dividida entre o voluntariado, os cursos e as palestras e minha preocupação com ele, em um lugar sem conforto e, pior, sem supervisão para tomar seus medicamentos.

Comecei a ficar com ele na velha casa todo o tempo livre, mas quando sua saúde começou a piorar, fui obrigada a optar entre as atividades da Conscienciologia e cuidar dele.

Habituada a ter minha casa organizada, já não podia dispor do computador para as anotações, nem de meus livros. A casa não tinha condições de ser habitada e, na prática, eu estava cuidando de duas casas. Pensava constantemente em nosso futuro. A velhice chegando, o apartamento com todo o conforto e ambos vivendo em um pardieiro.

Eu buscava uma saída e fazia todo tipo de proposta: vender a casa velha e comprar um apartamento térreo, vender ambos e comprar uma casa melhor, mas ele era contra tudo o que significasse mudança. Tivemos muitos desentendimentos por conta do problema da moradia. Durante dois anos permanecemos nesse impasse. Vendo que nada iria mudar, tomei coragem e a iniciativa de agir enquanto ainda tinha energia e saúde para resolver a situação que já se tornava insustentável.

Coloquei o apartamento à venda e assinei contrato com uma construtora para erguer uma casa nova no terreno da velha. Em 14 dias vendi o apartamento e recebi um valor que me permitiu integralizar o pagamento da casa nova, demolir a velha e limpar o terreno para o início da obra.

Indescritível a tensão nervosa, o estresse desse período para tomar todas as providências e ainda manter o controle emocional ante as brigas e a contrariedade do Manoel por ser obrigado a fazer o que não queria, mas era absolutamente necessário. O estresse era enorme, contudo sentia que o amparo estava presente.

Aluguei um pequeno apartamento distante apenas algumas quadras de onde seria construída a casa e assim consegui cuidar de tudo e ainda administrar a obra. Apesar das dificuldades, do desconforto, o projeto andava e quando a casa ficou pronta, nos mudamos.

Tivemos apenas um ano para desfrutar da casa nova.

Após uma gripe mal curada, Manoel passou muito mal e foi internado com diagnóstico de uma infecção desconhecida apenas 13 meses depois da mudança. Quando melhorava, voltava a febre e tinha que ser hospitalizado novamente.

Os dias de hospitalização eram um pesadelo para toda a família, pois o hospital exigia a presença de um familiar. Ele ficava fora de controle, queria fugir, tinha alucinações, agredia médicos e enfermeiros.

Eu ficava durante o dia, mas a noite era um problema, não havia calmante que o fizesse dormir, então os netos ajudaram por algum tempo, mas acabei contratando uma enfermeira para ficar com ele.

Alguns dias depois da última alta, ele começou a apresentar um quadro de confusão mental e foi diagnosticado com demência vascular, ou seja, ele havia sofrido um AVC que não chegou a causar grandes danos na parte motora, contudo havia danificado o hipocampo (memória de curto prazo).

E assim iniciou-se o período mais dramático e sofrido da minha vida.

Algumas pessoas, sabendo o quanto eu gosto de escrever, já me disseram que eu deveria escrever um livro sobre os acontecimentos, contudo eu prefiro poupar os meus leitores de uma narrativa cheia de detalhes dramáticos, repetitivos, tristes e aborrecidos. Vou tentar fazer um resumo aproximado dos fatos apenas para não deixar lacunas grandes entre 8 de agosto de 2012 e 25 de novembro de 2017.

Entre o aparecimento dos primeiros sintomas até a piora do estado de demência transcorreu um período de aproximadamente 23 meses, período em que foi preciso treinar muito a paciência, estar disponível para desfazer as constantes dúvidas a respeito das horas, se tinha feito uma refeição, do dia da semana, do mês, de suas alucinações, entre outras fantasias.

No dia 22 de março de 2014, começou a queixar-se de mal-estar, aparentemente, algum distúrbio no fígado. Administrei-lhe tudo o que sabia em termos de medicamentos caseiros e chás durante o dia, contudo os sintomas só pioravam. Quando já não sabia mais o que fazer, ele foi levado para uma Unidade de Pronto Atendimento do SUS. Lá, após alguns exames e mesmo estando em observação, ele piorou e os sintomas culminaram em uma convulsão.

Da Unidade de Pronto Atendimento foi transferido para a Santa Casa de Misericórdia, onde permaneceu internado cerca de dez dias. Passou por uma infinidade de exames até ficar razoavelmente recuperado, contudo, era visível a piora de seu estado mental. Foram meses de tortura psicológica, vigilância e permanente enfrentamento de suas alucinações.

Eu era obrigada a ficar de vigília permanente, cuidando para que não caísse e se machucasse, já que não conseguia mais caminhar devido ao problema dos joelhos, até que finalmente conseguimos que ele fosse admitido como paciente de uma equipe de neurologistas da Santa Casa de Misericórdia.

A troca dos medicamentos causou algumas alterações para pior no início, mas, em algumas semanas, houve uma redução nas alucinações e ele passou a ter momentos de relativa lucidez, muito embora os medicamentos fossem todos específicos para o temido Alzheimer. Restava torcer para que os medicamentos ajudassem a retardar o máximo possível o avanço da doença.

Só quem já conviveu com familiar nessas condições pode avaliar o quanto é difícil para a família ou para a pessoa responsável pelo enfermo.

As piores situações ocorriam quando acordava no meio de uma alucinação durante a noite. Nessas ocasiões ficava agitadíssimo, tentava sair da cama e se saísse caía e era preciso chamar alguém para me ajudar, pois era um homem corpulento, alto e pesado. Às vezes queria sair de casa e se eu não deixasse, tornava-se agressivo.

Outras vezes, se comportava como se ainda trabalhasse e tivesse alguma tarefa urgente para cumprir. Nesses momentos, era muito difícil trazê-lo de volta à realidade, pois ele exigia ser obedecido.

Justamente em um final de semana em que me encontrava sozinha com ele na cidade, exausta caí num sono profundo, já com o dia amanhecendo, quando acordei com um ruído muito forte. Ainda dormindo saltei da cama e o vi caído no chão em uma poça de sangue. Ele havia tentado se levantar, caído e batido com a cabeça na quina do guarda-roupa. Teve traumatismo craniano e, mesmo assim, precisou ser levado para o hospital a força, pois se recusava terminantemente a ser medicado.

Depois de certo tempo, os medicamentos voltaram a não fazer mais o efeito desejado. Aumentaram a frequência das alucinações noturnas. Minhas preocupações aumentavam na medida em que seu estado piorava. Apesar da ajuda da nora, eu ficava sobrecarregada e sozinha com ele durante a maior parte do dia, à noite, em feriados, aos sábados e aos domingos.

As constantes tensões nervosas, a responsabilidade de cuidar dele e administrar tudo começaram a abalar também minha saúde.

Tive duas crises de hipertensão em julho de 2016 e fui parar na emergência do Hospital Nossa Senhora da Conceição em cada uma delas. Os médicos da emergência me encaminharam para imediata consulta e tratamento com clínico geral. Ele, depois de me ouvir e pedir alguns exames, foi taxativo ao afirmar que eu não poderia mais continuar com a carga horária de cuidados com o Manoel sob pena de cair doente também ou ter um AVC.

Eu não dormia mais, não conseguia relaxar, não conseguia cuidar da aparência e nem da saúde. As visitas de familiares tornavam-se cada vez mais raras. As perspectivas eram assustadoras. Meu maior medo era o de que se tornasse um doente vegetativo, que não fosse mais possível cuidar dele em casa.

Independentemente das minhas preocupações, a recomendação era de criar com urgência um espaço na casa onde eu pudesse repousar sem ser perturbada na eventualidade de outra pessoa cuidar dele. O ideal seria passar alguns dias fora de casa em algum lugar tranquilo, uma pequena viagem para me desligar, de imediato, do ambiente e das condições negativas. Eu teria que dormir, no mínimo, duas ou três noites por semana sem a perspectiva de ser perturbada no sono.

A primeira ideia foi ir para Foz do Iguaçu para reencontrar o pessoal da Conscienciologia, pois o lugar dispõe de um hotel confortável dentro do campus, mas pelo fato de estar fora do voluntariado e completamente defasada das ideias, não consegui me motivar para ir.

Depois, lembrei de um lugar encantador onde estivéramos há alguns anos: um parque de águas termais.

Busquei informações na internet, mas ainda me sentia insegura. Talvez eu fosse me sentir muito solitária, tendo em vista que o hotel é frequentado por grupos, por mais que pensasse, sempre me parecia a melhor opção. As águas poderiam me ajudar a relaxar e melhorar as dores no ombro e nas articulações.

Reservei acomodações para oito dias. Manoel ficaria aos cuidados da nora e de um dos netos.

Enquanto aguardava a data da viagem, ficava imaginando o que poderia acontecer, pois, pela primeira vez, eu iria tirar férias sozinha em meio a pessoas completamente estranhas.

Durante os primeiros quatro dias, me senti bastante deslocada e muito sozinha, mas adotei a rotina de dar uma caminhada de uma hora depois do café da manhã, depois ia para a piscina das águas quentes para os exercícios de alongamento e hidroginástica até a hora do almoço. Depois, o descanso de aproximadamente duas horas e, no final da tarde, me dirigia a uma das salas de recreação para algum jogo ou distração oferecidos pelo pessoal do hotel.

Para mim era sempre a pior hora do dia. Eu via os grupos de senhoras jogando cartas, em outra sala casais conversavam e tomavam chimarrão e eu me sentia excluída de tudo e de todos. Às vezes saía para dar uma olhada nas vitrines das lojas, mas nada me atraía.

O pessoal do staff não era nada comunicativo, passavam por mim como se eu fosse transparente. Nas poucas vezes que conversei com algumas senhoras na piscina, logo surgia a pergunta da razão de eu estar sozinha, pois as pessoas ou estavam em grupos, ou eram casais. Não me sentia disposta a falar da minha vida no momento, então procurava me preservar.

Surgiu a oportunidade de fazer um passeio turístico na região, juntamente com outros hóspedes, o que foi muito bonito, mas nem mesmo ali eu consegui me entrosar com a colega de poltrona. Ela estava com outras duas sentadas no banco da frente e só se comunicava com elas.

Na chegada, vários telefonemas de casa sobre o comportamento do Manoel não querer tomar banho, não comer, não dormir, passar a noite inteira chamando meu nome, como de hábito, me deixaram estressada. Cansada das queixas e do passeio, mal jantei, tomei um comprimido e fui dormir.

No dia seguinte chegou um ônibus com um grande grupo de turistas e o café da tarde que eu costumava ignorar tornou-se bastante animado. Peguei uma xícara de café e fiquei por ali para observar o movimento.

Em seguida haveria um jogo de bingo e assim, de repente, me vi rodeada de um grupo de pessoas bastante simpáticas. Consegui me soltar um pouco e conversar, especialmente com uma pessoa que também passava por um momento traumático, pois tinha perdido a mãe a quem era muito ligada. Essa foi a melhor parte do passeio. Não lamentei a hora de ir embora. Achava que tinha sido perda de tempo e dinheiro.

Com meu cadastro feito, o hotel mandava constantemente as programações semanais. Eu havia sido adicionada no Facebook das pessoas do grupo com as quais conversei. Passei a receber mensagens carinhosas, principalmente da pessoa ainda traumatizada com a perda da mãe com quem eu mais conversei, o que me fazia muito bem.

Pouco mais de três meses da minha estada, recebi um folder sobre um Festival de Corais que me pareceu imperdível. Fiquei muito motivada, principalmente por saber que iria encontrar algumas das pessoas que tinham me tratado muito bem na primeira vez.

Conversei com a nora e fiz minha reserva. Resolvi ir com meu próprio carro, mas não sem antes recomendar enfaticamente que não me chamassem para falar dos problemas, a menos que fosse uma questão grave com o doente.

Sentia-me ansiosa quando pensava em reencontrar os amigos, mas fiz uma viagem tranquila apesar do calor atípico do mês de julho. Não fui perturbada por ligações, eu é que ligava para saber como as coisas estavam e, mesmo assim, não houve nenhuma queixa.

A amizade com certas pessoas estreitou-se e, sem saber, ali se desenrolava um fato para me dar suporte e ter forças e coragem necessárias para atravessar o drama ainda por vir na figura de uma pessoa que de um modo muito especial me mostrou o quanto a vida pode nos surpreender a cada passo. Sempre existe algo bom reservado para o futuro que pode ser completamente diferente da forma imaginada.

Eu pude apreciar melhor as belezas da natureza do lugar. A primeira vez tinha sido um desastre, nos primeiros dias da minha estadia, cuja extensão somente consegui entender da segunda vez. Todo o mal-estar tinha sido patrocinado por mim. Meu estado de permanente preocupação, não conseguir relaxar, ligada na situação que se desenrolava em casa. A tensão, aliada aos pensamentos de que a qualquer momento poderia acontecer o pior, criava uma aura negativa à minha volta impedindo a aproximação das pessoas para um contato maior.

Minha visão mediante os pensenes catastróficos distorcia a realidade que poderia ter sido mais bem aproveitada, no sentido de me aliviar da pesada carga que suportava na época. Ficou claro que eu tinha contaminado o ambiente com minhas energias destrambelhadas que não me deixavam ver nada além de tristeza, desânimo e permanente preocupação com o que poderia vir a seguir. Uma prova de que se a pessoa não domina seus pensenes e se permite entrar em crise, não adianta mudar de casa, de cidade e até de país, pois aonde quer que ela vá, levará sua crise e ainda deixará o ambiente desagradável, desconfortável para ela própria e para as outras pessoas, e isso implica responsabilidade.

Se tudo isso aconteceu comigo, já tendo uma bagagem de conhecimento a respeito do processo energético que nos permeia, é possível imaginar a devastação de fatos semelhantes acontecendo o tempo todo, em todos os lugares com as pessoas sensíveis que não têm controle e nem conhecimento a respeito dos efeitos dos seus pensamentos, desejos e sentimentos conflitantes.

Foi preciso um grande grupo de pessoas, e uma em especial, me acolher para quebrar essa bolha de energia e eu recuperar um pouco a minha lucidez e autodomínio.

O fato de ter me dado conta de tudo me ajudou muito dali por diante. Procurava instalar um EV o mais forte possível a todo momento, principalmente quando ficava muito difícil lidar com o paciente. Isso ajudava a mim e também a ele.

Alguns meses mais tarde, quando se tornou visível a piora do seu estado de saúde, o processo do domínio dos pensenes mostrou mais ainda o seu verdadeiro valor. No dia 9 de novembro de 2017, notei o aparecimento de erupções vermelhas em seu ventre. Três dias mais tarde acordei com seus gemidos fazendo esforços para sentar-se no leito sem conseguir. Parecia estar completamente sem forças. Os filhos e netos foram chamados e ele foi levado para um posto de saúde. O diagnóstico: Herpes-Zóster.

Iniciou-se o tratamento, contudo ele permanecia completamente apático. Até mesmo seu gênio irascível sofreu alteração, não discutia mais nem para tomar banho, deixava-se levar e fazia tudo o que lhe era solicitado. Não protestava nem mesmo para a troca da fralda, uma das coisas que o irritava imensamente, pois sempre se negava a usá-las.

Não conseguia mais se erguer sozinho e por conta disso machuquei meu ombro mais uma vez ao tentar ajudá-lo. O final começou a se anunciar na madrugada de domingo para segunda-feira (20 de novembro de 2017). Por volta das 4h da manhã, eu me levantei para ver como ele estava. Deitado de lado, estava profundamente adormecido e ressonava.

Eu, vencida pelo cansaço, me deitei e adormeci. Algum tempo depois, acordei com um barulho, corri para o quarto dele. Estava caído ao lado da cama sem conseguir se mexer. Tentei de todas as maneiras levantá-lo, fazê-lo sentar-se, mas não consegui. Era um peso morto. Sem força no braço direito por conta do machucado, nem consegui movê-lo.

Chamei o filho e a nora e, ao tentar movimentá-lo, vimos que estava completamente paralisado do lado direito do corpo, não conseguia mais falar. Foi levado para a emergência do Hospital N. S. da Conceição e acomodado em uma mini CTI do setor de neurologia. Na sexta-feira, ele parecia já não ter consciência da presença de ninguém, não reagia mais.

Ele tinha muita dificuldade de respirar. Suas extremidades estavam ficando roxas devido à falta de oxigênio.

À noite, na hora de ir para casa, saí me despedindo dele, pois temia estar vendo-o com vida pela última vez. Só consegui dormir algumas horas sob o efeito de calmante.

Quando cheguei no hospital no sábado pela manhã, seu coração ainda batia. Peguei sua mão e tranquilamente pedi a ajuda do amparo ao mesmo tempo lhe dizia palavras de afeto dizendo para partir tranquilamente, pois seu pai, sua mãe e seus irmãos, todas as pessoas amadas, o estariam esperando. Tudo ficaria bem. Eles iriam cuidar muito bem dele.

Eu procurava incentivá-lo a relaxar e rapidamente o batimento cardíaco passou a ficar mais lento, até que o monitor mostrou a linha paralela.

Ele se fora.

As enfermeiras me abraçaram, disseram que ele tinha passado uma noite tranquila e aparentemente apenas tinha esperado a minha presença para se despedir. A partir desse momento, a sequência dos acontecimentos não está muito clara.

Meio robotizada, fui tomando as providências, chamando a funerária, avisando os familiares e os amigos, as providências do próprio hospital requeriam minha presença em vários lugares, para assinaturas e instruções a respeito do corpo.

Todas as providências de praxe foram tomadas e, à noite, exausta sem me alimentar, não deixaram que eu passasse a noite no velório. Alguém me levou para casa.

Tirei a roupa e fiquei debaixo do chuveiro por muito tempo deixando a água morna fazer com que sentisse novamente o corpo. Os membros estavam entorpecidos. Apenas o cérebro era um turbilhão de pensamentos e sentimentos incontroláveis. Precisei tomar um calmante para poder repousar algumas horas.

Só depois da cerimônia, já em casa, quando me vi sozinha, completamente sozinha na vida, é que a dor cobrou seu tributo. Ali estava eu, frente a frente com o que já temia desde o início da doença dele.

Sem perspectiva, exausta, mas em um estado de agitação interno incontrolável, não conseguia descansar. Não queria tomar medicamentos, pois sabia que iria precisar deles ainda mais à noite.

A vida tornou-se novamente uma página em branco. Precisaria ser muito forte para voltar a escrever outras histórias. Será que ainda haveria uma história a ser escrita?

O destino já havia mostrado que nunca é o fim, nem sequer na morte do corpo. Sempre há um caminho a ser percorrido, mas qual seria esse caminho?

Naquele momento sentia-me vazia. A única vontade era poder fechar os olhos e não existir, mas a agitação não permitiria o descanso. Então, troquei de roupa e, em um desejo febril de me ver em outro lugar e outro tempo, decidi começar a fazer mudanças na casa. Talvez o cansaço me deixasse repousar mais tarde.

O primeiro aposento a ser modificado foi justamente o dormitório do falecido. Comecei a esvaziar os roupeiros e as gavetas das roupas que seriam doadas ou encaminhadas para os filhos. Eles decidiriam o que fazer com elas. Tirei a cômoda, troquei a cama de lugar, de maneira que pudesse colocar ali minha escrivaninha com o computador, impressora e alguns livros.

Não queria mais sentir aquele cheiro de remédios, fraldas e doença.

Em seguida, foi a vez da sala. Retirei das vistas a poltrona onde tantas vezes o havíamos acomodado na tentativa de motivá-lo a ficar mais algum tempo fora da cama que o consumia. Rearrumei a sala de uma maneira mais funcional e leve. Ao final do dia, já havia na casa outra energia e eu, finalmente, havia conseguido, por meio do cansaço, apaziguar a intensa agitação interna de que estava possuída.

Depois de um prolongado banho e um calmante, consegui obter uma noite menos angustiante.

17

UMA PÁGINA EM BRANCO

Os dias de solidão e desalento se sucediam até que resolvi colocar no Facebook uma mensagem de agradecimento pelas manifestações de pesar e apoio recebidas de parentes e amigos.

Tinha necessidade de interagir com pessoas. As visitas dos cunhados e, até mesmo, dos filhos e dos netos praticamente haviam cessado.

Era como se todos os que tinham de alguma forma estado envolvidos com o drama estivessem aliviados da pressão sofrida durante tanto tempo. Eu entendia que todos precisavam envolver-se em outras atividades para esquecer, principalmente, os últimos dias; mas ninguém lembrou que, naquele momento, eu precisava ser assistida, tirada do ambiente doentio de tantas lembranças desagradáveis, interagir com outros sentimentos e pensamentos mediante outras conversas, outros assuntos, mudar o filme, talvez, quem sabe, começar a escrever outra história.

Sentia muita falta de alguém com quem pudesse conversar, compartilhar minhas dúvidas. Nesses momentos, eu pensava na Célia. Ela me fazia muita falta. Começava o verão com seus detestáveis dias abafados e seus intermináveis feriados. Foram dias difíceis. Sozinha, presa em Porto Alegre devido a algumas providências a serem tomadas relativas ao óbito, do agendamento para dar entrada nos documentos e na obtenção de pensão.

Todos viajaram, os netos, as amigas e até os vizinhos desapareceram. Tinha a impressão de estar sozinha na cidade abafada onde as horas não passavam. Foram dias quase desesperadores em certos momentos, depois de passar tanto tempo sempre superocupada.

Março de 2018 chegou e me encontrou liberada dos compromissos. Pude então aceitar o convite para passar alguns dias no parque das águas. Fui muito bem recebida pelos amigos, sem falar nas diversões proporcionadas aos hóspedes e suas deliciosas e saudáveis águas mornas. Foram nove dias de vida em um paraíso. Uma nova história começava a ser contada.

Quando menos esperamos, o destino ou algo ainda além do nosso entendimento nos conduz a mudanças inesperadas de situações que pensávamos estarem além da nossa capacidade de suportar. Começava a me sentir viva novamente na companhia de pessoas especiais me dando a certeza de que atenção, amor e carinho promovem transformações psicofisiológicas.

Registro aqui minha gratidão aos agentes dessa mudança.

Voltei para casa me sentindo uma nova pessoa, curada da solidão desesperadora e disposta a procurar uma alternativa para ocupar meu tempo.

Sim, havia outra história que já estava sendo escrita.

Primeiramente, voltei a pensar no IIPC. Sentia falta da interação com os colegas. Mas, depois de dez anos de afastamento, provavelmente restariam poucos conhecidos, se tivesse sobrado algum, pois sabia que a maioria estava morando em Foz do Iguaçu.

Outros fatores me fizeram abandonar a ideia: as atividades agora eram somente a partir das 16h. Com nossa mudança para o outro lado da cidade ficava muito distante. Eu não saio mais à noite, tanto pela insegurança quanto pelo fato de não poder mais dirigir nesse horário devido aos problemas de visão noturna, portanto, eu estava fora das reuniões, cursos e palestras.

Resolvi voltar a estudar inglês, primeiramente via internet e mais tarde fiz um curso presencial para aferir meu nível de conhecimentos no idioma e avaliar se estaria apta a fazer planos para a minha tão sonhada viagem ao Reino Unido. No curso, durante as aulas de conversação, eu era a melhor em um grupo de cinco alunos. A professora, quando via que outro aluno estava com dificuldade para relatar algum fato ou responder alguma pergunta, me pedia para ajudá-lo. Eu não era tão boa em gramática, mas me dediquei muito estudando em casa, vendo filmes sem legendas e escrevendo redações, tanto que me saí bem nos testes finais. Estava apta para passar para o nível seguinte se tivesse continuado no curso.

Durante toda a preparação para a viagem, estava muito animada. Torcia muito para que aparecesse mais alguém de Porto Alegre para o mesmo curso. Estava um pouco preocupada em viajar sozinha para Londres e dali enfrentar outra viagem até Bath, contudo não apareceu ninguém apesar dos esforços da agente de viagens que me ajudou a organizar tudo.

Tive que viajar sozinha, mas estava acostumada. Aprendi a não contar muito com a ajuda de ninguém desde os meus 6 anos, quando fui entregue a pessoas desconhecidas, em uma casa onde tudo era estranho, inclusive o idioma.

Eu havia escolhido o voo e a chegada ao aeroporto de Heathrow, de modo que já houvesse um transfer aguardando para me levar diretamente a Bath. O alojamento era um pequeno apartamento mobiliado e com tudo o que uma pessoa poderia precisar. Otimizado para o conforto do estudante, completamente independente. No domingo pela manhã, saí para conhecer as redondezas e comprar alguns mantimentos. Fiquei encantada com o lugar.

A arquitetura georgiana produzida ao longo dos reinados de Jorge I, Jorge II, Jorge III e Jorge IV, compreendendo o período de 1720 a 1840, dos prédios é mantida extremamente bem conservada. Se não fosse pelas roupas das pessoas e os carros modernos, se poderia dizer que tinha dormido no século XXI e acordado no século XVIII.

Localizada no Condado de Somerset, Bath tinha a fama de ser a segunda cidade mais segura do mundo. Conhecida por suas famosas Termas descobertas pelos Romanos, a abadia de arquitetura gótica construída com as conhecidas pedras cor de mel abundantes na região, onde até reis haviam sido coroados.

O famoso Royal Crescent, construído entre 1767 e 1775, conhecido como o maior exemplo de arquitetura georgiana. O Centro Jane Austen Museu, situado no centro da cidade e anexo ao luxuoso salão de chá Regency, a casa onde viveu com sua família entre 1801 e 1806, a conhecida novelista britânica autora de romances transformados em filmes de sucesso, tais como *Razão e Sensibilidade* e *Orgulho e Preconceito*, onde estão expostas suas roupas de época. Há também uma estátua de cera de Mr. Darci, personagem, assim como da própria escritora. No local, há roupas de época disponíveis para turistas tirarem fotografias.

Outro monumento digno de nota é a famosa Pulteney Bridge. Eu a atravessava diariamente para ir do alojamento à sede do curso, entre muitas outras raridades e atrações que ainda iria conhecer no decorrer do curso, pois as aulas constituíam-se de gramática e conversação pela manhã, em salas de aula; e, à tarde, uma programação diferente a cada dia com visitas aos pontos turísticos, às cidades históricas da região com a finalidade de o aluno interagir com os nativos.

O aluno faz uma imersão completa no idioma, pois para poder se comunicar com os colegas do grupo, de modo geral, não há outra opção.

Entre franceses, alemães, suecos, espanhóis, italianos e coreanos ou falava-se inglês ou não havia diálogo, pois alguns colegas com os quais, infelizmente, a comunicação era impraticável não conseguiam sequer articular uma frase em inglês. Talvez pensassem que o curso faria o milagre de fazê-los falar fluentemente em apenas 20 e poucos dias.

Quando o professor dava algum exercício para fazer em grupos, era com imensa alegria que via os jovens darem preferência por serem incluídos no grupo em que eu estava.

Tive alguma dificuldade com o *British accent* do professor de gramática nos dois primeiros dias de aula, mas logo me habituei.

Nos passeios feitos à tarde fomos levados para conhecer a Costa Jurássica, Patrimônio da Humanidade situado no Canal da Mancha, em Dorset, as antigas e típicas cidades do interior britânico; Orcombe, Costwold Village, Avery e Lan-cock, esta última cidade histórica e local de filmagens da saga de *Harry Potter*, *Downton Abbey*, *Orgulho e Preconceito* e *Cavalo de Guerra*, filme de Steven Spielberg. Inesquecíveis os lugares visitados, os lanches e as tradicionais casas de chá lindamente decoradas. Uma afinidade muito grande com aquele mundo tão diferente do meu.

Apenas os restaurantes eram problema, pois a comida era exageradamente temperada com alho, contudo aprendi que o típico *Fish and Chips* era o prato mais seguro para ter a certeza de que não contivesse o tempero. O filé de peixe era excelente, branquinho e sempre feito na hora, então bastava pedir *No garlic, please*.

Decorridos os 25 dias de curso, o último foi de festa de formatura comemorado com muitas fotos em um almoço com os colegas e a participação de professores.

Tinha chegado a hora de conhecer Londres.

Desnecessário falar das atrações, palácios, museus e demais locais famosos e por demais conhecidos da cidade, muito embora eles sejam o principal atrativo para a pessoa com alguma sensibilidade energética e interessada em História.

Eu não poderia estar mais à vontade em uma cidade de um reino onde nunca tinha estado. Verdade que tinha feito muita pesquisa, estudo dos mapas, além disso, uma curiosidade insaciável por tudo o que diz respeito ao Reino Unido de modo geral; contudo, tinha feito a mesma coisa antes de conhecer New York, Miami e Orlando, em diferentes épocas, mas nem por isso tive a mesma desenvoltura para andar nas cidades que tive em Londres.

Nos dois primeiros dias, eu usei os *hop-on hop-off*, os famosos ônibus vermelhos de dois andares, mas não fiquei satisfeita, preferia caminhar, pois a cada esquina havia um monumento interessante ou obra de arte a ser avaliada com mais atenção.

Ao andar por aquelas ruas com sua arquitetura típica, eu podia conhecer outros personagens da história britânica, sentir as energias do lugar, me deixar levar pela quase certeza de que a qualquer momento, como num passe de mágica, conseguiria lembrar a razão da sensação de familiaridade, do já visto e sentido em algum momento da minha própria história.

Foi uma imersão tão profunda, com momentos em que parecia ter sido teleguiada para lugares onde recebia banhos de energia ao encontrar uma praça centenária ou um antiguíssimo sobrado com sua arquitetura vitoriana de admirável beleza, onde me perdia na admiração dos detalhes e imaginando a vida de uma família que tivesse vivido ali. Nunca tive uma retrocognição em que tivesse identificado especificamente a cidade de Londres, contudo era como se ali fosse minha cidade, meu bairro. Estava em casa.

Lamentei muito não ter podido ir até a Cornualha. Era distante, 700 quilômetros de onde estava. Seria uma viagem muito cara para passar apenas um dia, pois a agente de viagens não havia encontrado nem um lugar disponível para me hospedar e nem agências de viagens locais que tivessem algum roteiro possível.

Lá sim, muitos anos antes, em uma retrocognição orientada por uma terapeuta, tinha me visto em tempos muito recuados, como um homem, rude, dono de um barco de pesca, muito solitário que vivia com uma irmã solteirona em uma casa com um grande porão cheio de redes e outros apetrechos cheirando a peixe.

Nunca tinha ouvido falar a palavra Cornualha, mas esse nome estava muito claro na minha mente quando a terapeuta perguntou se sabia onde estava. Guardo na memória a lembrança tal qual uma fotografia da casa em que me vi chegando após uma pescaria.

Havia contratado um tour de um dia para visitar Windsor, a cidade onde está situado o palácio de férias da Rainha. Foi uma maneira interessante de analisar a diferença da familiaridade que sentia em Londres e Windsor, onde me senti uma autêntica turista.

Conhecer Londres a pé foi tão prazeroso e tranquilo que precisei usar Uber apenas duas vezes, uma para conhecer a capela de Westminster e outra para visitar a Fortaleza de Sua Majestade da Torre de Londres, castelo histórico, que eram muito distantes do hotel onde eu estava hospedada.

Minha viagem estava completa. Havia conhecido comunidades pequenas, cidades típicas do interior da Inglaterra, uma parte da vida dos britânicos e os principais grandes monumentos históricos de Londres. Não poderia ter sido melhor.

O retorno foi tranquilo apesar de cansativo.

Difícil a retomada da rotina. A mente continuava em Londres por várias semanas. Sete dias é muito pouco para conhecer todas as peculiaridades desse magnífico lugar.

Na volta da viagem comecei a pensar em voltar às pesquisas, só não sabia por onde começar, foi quando fiquei sabendo que a professora Vera Regina Hoffman, uma grande amiga, e com quem tenho aprendido muito e por isso mesmo dedico-lhe respeito e uma grande amizade, iria a Foz do Iguaçu, no Centro de Altos Estudos da Conscienciologia (Ceaec), para defender seu primeiro verbete.

É claro que eu não poderia perder uma oportunidade dessas. Viajar com minha amiga, rever antigos colegas e amigos, sentir novamente as energias daquele balneário energético.

Assisti a todas as tertúlias, fiz laboratórios, participei de todas as dinâmicas que foi possível na esperança de voltar a me projetar com lucidez, pois estava em recesso projetivo desde a fase crítica da doença do Manoel, em que nunca mais tinha conseguido uma noite de sono natural e tranquilo.

Voltei para casa carregada de livros.

Mergulhei no excelente livro do saudoso professor João Ricardo Schneider, *A História do Parapsiquismo*.

Entre julho/agosto de 2021, reiniciaram as projeções, a princípio com pouca lucidez e truncadas, muitos flashes de locais com multidões de consciexes. Imaginei que provavelmente eu estaria sendo levada para assistência às consciências dessomadas em função da pandemia, mas nada coerente que merecesse ser registrado, mas dia 21 de agosto tive uma projeção com nível de lucidez semelhante a tantas outras registradas nos livros.

Quando procurei meu arquivo para registrar a vivência, comecei a reler os relatos contidos nele. Fiquei impressionada com o material que tinha. Enquanto dava aulas, eu sempre incentivava meus alunos e as pessoas em geral a escrever suas vivências e divulgar na medida do possível. Criticava as pessoas que contavam suas experiências, às vezes bastante importantes, que as deixavam mofando nas gavetas e assim acabavam perdendo valiosas oportunidades de pesquisa. Agora, era eu mesma que tinha mais de cem relatos bastante importantes em termos de esclarecimento esquecidos no arquivo do computador.

Constantemente preocupada com isso, comecei a pensar que o fato de não aproveitar esse material rico de informações pudesse também se perder, mas o que fazer, escrever outro livro de relatos?

Anos antes já pensara nisso, mas os acontecimentos se precipitaram e acabei esquecendo o assunto em face de outras prioridades. Analisando tudo agora, percebi que poderia facilmente entrar em melex (melancolia extrafísica) em meu retorno à procedência extrafísica e isso poderia atrasar e atrapalhar muito os meus planos de entrar em um curso intermissivo e me preparar melhor para desenvolver a inteligência evolutiva em uma próxima série existencial, minha meta.

Apesar de me sentir preparada para partir, devido ao risco da Covid-19 e às notícias de tantas mortes, aos sonhos semilúcidos com locais extrafísicos cheios de consciexes aparentemente robotizadas e sem lucidez, temendo que a qualquer momento pudesse ser contaminada e dessomar, decidi obter maiores informações sobre o primeiro contato que algumas consciências poderiam ter na dimensão extrafísica.

Decidi pesquisar os relatos das Experiências de Quase Morte. Poderia ser bom obter maiores informações a respeito dos primeiros momentos em uma outra dimensão para garantir um pouco mais de lucidez quando o inevitável ocorresse. Talvez pudesse me inspirar em uma maneira de aproveitar esse material.

Ao assistir os relatos, fazia levantamentos dos fenômenos que coincidissem com eventos das projeções de consciência autoinduzidas ou involuntárias. Conforme os relatos se diversificavam, admirava-me da grande quantidade de pessoas que passavam por fenômenos fantásticos, ficavam impressionadas com a realidade das vivências e, mesmo assim, não tentavam obter maiores informações a esse a respeito. Pessoas que, às vezes, passados mais de 20 anos, lembravam-se de cada detalhe dos fatos ocorridos, mas tudo se resumira a apenas isso – uma lembrança.

Entre muitos relatos de um universo de pessoas, apenas uma, um professor de faculdade paulista, comentou a busca por maiores informações e se disse mais espiritualizado após o evento. Já existe no mercado uma considerável quantidade de livros de pesquisadores do assunto trazendo hipóteses, segundo a ótica e as pesquisas de cada um; contudo, me parece que enquanto continuarem tentando provar que os relatos, as repercussões e as transformações sofridas pelos indivíduos são produtos do cérebro físico, continuarão dando voltas sem chegar a lugar algum. Enquanto não aceitarem, ao menos por hipótese, que a consciência independe do cérebro físico, não encontrarão uma explicação lógica para os fenômenos na ciência convencional.

18

DE VOLTA À PESQUISA

Eu ainda estava afastada do voluntariado, das pesquisas e dos cursos quando Vera mencionou uma nova atividade que eu achei interessante. Os pesquisadores e os voluntários apresentavam um verbete especial no qual expunham os acontecimentos mais importantes de suas pesquisas pessoais, sua história de vida, por meio de um autoverbete.

Algumas pessoas amigas, dos primeiros tempos do Instituto Internacional de Projeciologia e Conscienciologia de Porto Alegre, estavam apresentando os seus autoverbetes. Por curiosidade comecei a assistir. De certa forma, me sentia atraída pela ideia de falar sobre minha trajetória na Projeciologia.

Acabei tornando-me assídua em assistir às apresentações pelo YouTube. Cheguei a me emocionar quando assisti ao autoverbete da professora que havia me dado as primeiras informações a respeito da Conscienciologia e acompanhado meus primeiros passos. Ela me acolhera de maneira muito fraterna, quando eu apresentava dificuldades para permanecer sentada em sala de aula e, mesmo assim, vivia reciclando os cursos iniciais por não ter entendido bem os conceitos, ou por sentir-me bem no ambiente ou ainda porque gostava de ouvir as experiências dos outros alunos e dos professores.

Quando comecei a ter as próprias experiências e as relatava, a professora foi a primeira a me incentivar à docência. O fato de ouvir essa professora relatar as dificuldades dela e da família para manter o núcleo de estudos que eles mesmos tinham trazido à cidade me ajudou a me lembrar dos detalhes dos meus primeiros passos relacionados às verdades relativas de ponta da Conscienciologia. Eu acompanhara tudo isso. Sou muito grata a essa professora e sua família.

Teria que começar por fazer alguns cursos, pois sabia que estava bastante defasada devido ao afastamento e, com certeza, devia ter surgido muita coisa nova nesse período. Voltando, eu poderia inclusive somar novos conhecimentos enquanto tivesse saúde e lucidez. Quem sabe desenvolver algum trabalho para aproveitar o material que tinha?

Urgia não perder mais tempo. Precisava correr atrás do prejuízo de dez anos de afastamento das pesquisas e dos estudos. Vi na internet que, em decorrência da pandemia, a maioria dos cursos agora eram disponibilizados on-line, o que, de certo modo, facilitava tudo. Não havia necessidade de deslocamentos, os horários eram favoráveis e os valores bem mais acessíveis.

Um fato já mapeado por muitos de meus colegas: quando a conscin se predispõe, o amparo começa a agir. Comigo não foi diferente. No dia 2 de fevereiro de 2021, recebi o convite para uma entrevista de uma rádio de Foz do Iguaçu para falar do meu livro *Teoria e Prática da Experiência Fora do Corpo*.

No início de abril, um novo convite para falar de meu livro, feito pelo Colégio Invisível da Projeciologia (Ciproj). Foi uma reunião muito agradável com o grupo de pesquisa. Ao final, fui convidada para fazer parte do grupo como voluntária.

Isso também foi anotado como atuação do amparo. Justamente o ramo da Conscienciologia com o qual eu tenho maior afinidade, a Projeciologia. Não poderia perder mais essa oportunidade. Paralelamente às reuniões do Ciproj, me inscrevi em variados cursos, conferências, fóruns. Além disso, assisto a tudo o que é oferecido gratuitamente pela internet pelo YouTube.

Durante a Conferência da VIII Semana da Paraciência, houve a apresentação de uma pesquisa do Colégio Invisível da Paratecnologia de objetos e equipamentos vistos por projetores no decorrer de suas vivências extrafísicas.

Fiquei muito animada, pois na semana anterior, enquanto relia alguns relatos, encontrei o desenho de um dos equipamentos que deveria ter entrado no livro *Teoria e Prática da Experiência Fora do Corpo*. Isso não ocorreu devido a alguma dificuldade da Editora.

Sem saber de nada, imprimi a foto do desenho e, enquanto assistia à conferência, a figura do equipamento, muito bem desenhado pelo jovem filho de uma de minhas colegas e fiel à descrição do relato, estava sobre minha mesa. Durante a apresentação do Colégio Invisível da Paratecnologia, mostrei a figura e imediatamente me coloquei à disposição para colaborar com a pesquisa do grupo, disponibilizando o desenho que entusiasmou também os pesquisadores e, assim, fui incluída no grupo com grandes probabilidades de participar com meu relato de mais um livro de Paratecnologia a ser lançado brevemente, segundo os coordenadores.

Possibilidades de atividades pipocando de todos os lados. Difícil decidir qual a mais de acordo com minhas necessidades evolutivas. São tantas.

Uma biografia pode ser útil para analisar comportamentos, sentimentos e ações. Os registros podem ajudar a redirecionar de forma mais inteligente planos e projetos para um futuro de curto ou longo prazo. As experiências e os resultados alcançados quando expostos podem ajudar também mais pessoas a seguir ou evitar os exemplos registrados, mas deve ser encerrada quando ainda existe promessa de vida, planos, projetos e histórias para contar.

Meu projeto de curto prazo é colocar a motivação a serviço do esclarecimento, da assistencialidade e da evolutividade.

Desejo muito que minha história de vida, minhas vivências compartilhadas aqui, possa ter alguma utilidade para encurtar o caminho no rumo do completismo da programação existencial de muitas consciências.

Ao encerrar, registro minha gratidão ao parceiro Manoel pela melhor herança que poderia ter deixado: a família que me adotou, os netos amados e, mais recentemente, a bisneta Laura. Gratidão e carinho a todas as consciências evocadas e mencionadas neste livro.

Gratidão profunda aos amparadores, aos familiares, aos professores, aos parceiros e aos amigos. Àqueles que deixaram saudades, aos que me surpreenderam com sua doçura; aos que me presentearam com momentos felizes, mesmos que fugazes, que me deram apoio, carinho, me adotaram como filha, mãe, tia, avó, me cuidaram e me permitiram assisti-los; aos que me assistiram, cruzaram meu caminho e motivaram de alguma forma, deixando comigo um pouco de sua energia e levando também um pouco da minha; pois é isso que fazemos constantemente, troca de energias.

Gratidão especial aos colegas evolutivos, pelo acolhimento fraterno por ocasião do meu retorno à convivência dos estudos e das pesquisas conscienciológicas após dez anos de afastamento involuntário.

Minha gratidão especial à amiga Vera Hoffmann, por estar sempre ao meu lado, dando apoio, conforto e incentivo para que eu voltasse a acreditar na minha capacidade de superação quando o desânimo ameaçava tomar conta. Posso dizer, com toda a sinceridade, que sou uma pessoa afortunada por ter a felicidade de poder usufruir de sua amizade.

Vera Hoffmann e Célia Longoni, em diferentes períodos da minha vida, se constituíram em verdadeiras amparadoras intrafísicas. Sempre prontas a ouvir, sem julgar, apontar soluções em momentos cruciais, presentes nos momentos mais significativos, fossem eles de crise ou de alegria. Espero muito poder continuar com essa parceria para novos planos e projetos evolutivos ainda nesta série existencial.

Impossível deixar de registrar, minha profunda gratidão a Elaine Santos e Maria Jurema Arnold pelo acolhimento e apoio fraterno.

Encerro transcrevendo um texto do pesquisador **William Buhlman** que, na minha opinião, sintetiza o que eu penso a respeito do insaciável desejo de novos conhecimentos. Interesse de uma minoria da população terrestre, a respeito de uma nova realidade que não pode mais ser ignorada.

O enorme potencial da exploração extracorpórea controlada bem pode ser a descoberta mais importante do século XX. Somente explorando além dos nossos limites físicos podemos chegar a compreender a nossa própria essência e a do nosso universo. Nossa espécie acabará evoluindo até não mais depender de veículos físicos e tecnologia. Até lá, serão exploradores progressistas aqueles indivíduos corajosos que ultrapassarem os limites da ciência, da religião e de suas percepções físicas.

Um insaciável desejo de conhecimento impulsiona um grupo de seletos exploradores que vão além da segurança de suas pátrias físicas. Esses aventureiros engenhosos estão explorando e mapeando o universo além da densa crosta material exterior. Essa exploração e esse mapeamento do nosso universo energético invisível têm importância mundial. Só a exploração não-física pode penetrar na densa camada exterior da matéria e expor a estrutura subjacente invisível do nosso universo.

Está na hora de admitirmos que as declinantes formas moleculares que vemos a nos circundar não são a única realidade do universo. Está na hora de conhecermos a verdade que está por trás da fachada molecular da vida.

Logo além da nossa visão existem vastos domínios de energia e vida esperando ser descobertos. Chegou o momento de explorarmos e descobrirmos a verdade da nossa existência – de nos livrarmos das conclusões e pressuposições de outros, para ver e saber por nós mesmos.

Todos enfrentamos uma escolha importante. Podemos continuar complacentes, e orando esperando que nossas crenças sejam corretas, ou podemos tomar a decisão de explorar e descobrir por nós mesmos. Faça a si mesmo a seguinte pergunta: O que você pode ter a perder se expandir a sua visão e compreensão além dos limites da matéria?

A sua decisão de explorar irá moldar seu futuro, sua evolução e sua vida para além de quaisquer expectativas. Todos possuímos a capacidade que *Deus nos deu* de explorar e descobrir as respostas por nós mesmos. As respostas nunca estão escondidas, mas sim aguardando pacientemente serem reconhecidas e descobertas por nós. A busca interior das respostas para nossa existência é a essência em si do crescimento e da evolução humana. Ninguém pode lhe dar isso nem transcrevê-lo de um livro.

Você está diante de uma fronteira nova e excitante – inúmeros níveis de energia só esperando que os descubram. Hoje você tem a rara oportunidade de ser um dos pioneiros, de explorar além da densa crosta externa do universo e ver a verdade com seus próprios olhos. A aventura suprema está aguardando, e você nada tem a perder, a não ser seus limites.
(BUHLMAN, 1996, p. 285-286).

De acordo com os conceitos da Ciência Conscienciologia, considera-se que todas as habilidades, talentos, aptidões e traços evolutivos em geral, que expressamos em nossos comportamentos, foram conquistados e vencidos sobre nossas próprias imperfeições (vide 3.º §, p. 106).

É isso! Não acredite em nada, nem mesmo no que você leu neste livro, experimente, tenha suas próprias experiências, tire suas próprias conclusões e, depois, seja bem-vindo ao universo dos pioneiros na exploração da multidimensionalidade

REFERÊNCIAS

ALLGEIER, Kurt. *Você já viveu outras vidas.* Rio de Janeiro: Ediouro, 1986.

ANDRADE, Marilza. *Projeções assistenciais*: o que você pode fazer em termos assistenciais por meio das experiências fora do corpo? Foz do Iguaçu: Editares, 2018.

BALONA, Málu. *Autocura através da reconciliação*: um estudo prático sobre a afetividade. Rio de Janeiro: Editora IIPC, 2003.

BALONA, Málu. *Síndrome do estrangeiro.* Rio de Janeiro: Editora IIPC, 1998.

BASTIOU, Jean-Pierre. *Globe-trotter da consciência*: do yoga à conscienciologia. Rio de Janeiro: Editora IIPC, 2002.

BESANT, Annie. *O homem e os seus corpos.* São Paulo: Pensamento, 1976.

BESANT, Annie. *Um estudo sobre a consciência.* São Paulo: Pensamento, 1990.

BOWMAN, Carol. *O amor me trouxe de volta.* Tradução de Simone Lemberg Reisner. Rio de Janeiro: Bartira, 2005, 160 p.

BOZZANO, Ernesto. *A crise da morte:* segundo depoimento dos espíritos que se comunicam. Tradução de Guillon Ribeiro. Rio de Janeiro: Federação Espírita Brasileira, 2002.

BUHLMANN, William. *Aventuras além do corpo.* Rio de Janeiro: Ediouro, 1996.

BUHLMANN, William. *O segredo da alma*: o uso de experiências fora do corpo para entender a nossa verdadeira natureza. Tradução de Newton Roberval Eichemberg. São Paulo: Pensamento, 2005.

CRANSTON, Sylvia. *Helena Blavatsky* vida e influência extraordinária da fundadora do movimento teosófico moderno. Brasília: Teosofica, 1977.

DOORE, Gary. *Explorações contemporâneas da vida depois da morte.* São Paulo: Cultrix, 1990.

DRIES, Silda. *Teoria e prática da experiência fora do corpo.* 3. ed. Foz do Iguaçu: Editares, 2014.

EBON, Martin. *As provas da vida após a morte.* São Paulo: Pensamento; Rio de Janeiro: Nórdica, 1977.

FIORE, Edith. *Você já viveu antes.* Rio de Janeiro: Record, 1978.

GUIRDHAM, Arthur. *Os cátaros e a reencarnação.* São Paulo: Pensamento, 1970.

HOFFMANN, Vera. *Sem medo da morte*: construindo uma realidade multidimensional. Foz do Iguaçu: Editares, 2011.

JUERGENSON, Friedrich. *Telefone para o além.* Odessa, Estocolmo: Civilização Brasileira, 1972.

LUZ, Marcelo da. *Onde a religião termina.* Foz do Iguaçu: Editares, 2011.

MIRANDA, Hermínio Correia. *Os cátaros e a heresia católica.* Niterói: Lachântre, 2005.

MONROE, Robert A. *A última jornada.* Rio de Janeiro: Record, 1988.

MONROE, Robert A. *Viagens fora do corpo.* 12. ed. Rio de Janeiro: Record, 1995.

MONTAGNA, Jovilde. *Vivências parapsíquicas de uma pediatra.* 2. ed. Foz do Iguaçu: Editares, 2019.

MOODY JR., Raymond. *Reflexões sobre vida depois da vida.* 3. ed. Rio de Janeiro: Nórdica, 1977.

MOODY JR., Raymond. *Vida depois da vida*. Rio de Janeiro: Nórdica, 1975.

MOODY JR., Raymond. *A luz do além*. 2. ed. Rio de Janeiro: Nórdica, 1983.

MORSE, Melvin; PERRY, Paul. *Visões do espírito*. Rio de Janeiro: Nova Era, 1998.

MULDOON, Sylvan J.; CARRINGTON, Hereward. *Projeção do corpo astral*. São Paulo: Tradução Júlio Abreu Filho ed. Pensamento, 1997.

NEWTON, Michael. *A viagem das almas*: a vida depois da morte. Lisboa, Portugal: Estampa, 1996.

PALHANO, Junior. *Eusápia a "feiticeira"*. Rio de Janeiro: Léon Denis, 1998.

PALHANO, Junior. *Mirabelli um médium extraordinário*. Rio de Janeiro: Léon Denis, 2007.

PINCHERLE, Livio Túlio *et al*. *Terapia de vida passada*: uma abordagem profunda do inconsciente. São Paulo: Summus, 1990.

PINHEIRO, Luiz Gonzaga. *O perispírito e suas modelações*. 12. ed. São Paulo: EME, 2010.

POMPAS, Manuela. *Reencarnação*: a descoberta das vidas passadas. São Paulo: Maltese, 1987.

RITCHIE, Dr. George G.; SHERRIL, Elisabeth. *Voltar do amanhã*. Rio de Janeiro: Nórdica, 1980.

ROGO, D. Scott. *Volta à vida*: experiências no limiar da morte. São Paulo: Editora Ibrasa, 1995.

SALLES, Rosemary. *Consciência em revolução*. Rio de Janeiro: Editora IIPC, 2003.

SCHNEIDER, João Ricardo. *História do Parapsiquismo*: das sociedades tribais à conscienciologia. Foz do Iguaçu: Editares, 2019.

SCHOLTEN, Max. *Reencarnação*: viajando no tempo e no espaço. São Paulo: DCL, 1995.

TELES, Mabel. *Zéfiro*: a paraidentidade intermissiva de Waldo Vieira. Foz do Iguaçu: Editares, 2014.

TIAGO, Glória. *Vivendo em múltiplas dimensões*. Rio de Janeiro: Editora IIPC, 1999.

VIEIRA, Waldo. *O que é a conscienciologia*. 4. ed. Foz do Iguaçu: Editares, 2012.

VIEIRA, Waldo. *1932 Homo sapiens reurbanisatus*. Brasil: Associação Internacional do Centro de Altos Estudos da Conscienciologia, 2003.

VIEIRA, Waldo. *Cristo Espera por ti*. 9. ed. Uberaba: IDE, 1995.

VIEIRA, Waldo. *200 Teáticas da conscienciologia*. Rio de Janeiro: Editora IIPC, 1997.

VIEIRA, Waldo. *700 experimentos da conscienciologia*. Rio de Janeiro: Editora IIPC, 1994.

VIEIRA, Waldo. *Manual da proéxis:* programação existencial. Rio de Janeiro: Editora IIPC, 1997.

VIEIRA, Waldo. *Manual da tenepes*: tarefa energética pessoal. 2. ed. Rio de Janeiro: Editora IIPC, 1996.

VIEIRA, Waldo. *Nossa evolução*. Rio de Janeiro: Editora IIPC, 1996.

VIEIRA, Waldo. *Projeciologia*: panorama das experiências da consciência fora do corpo humano. 2. ed. Rio de Janeiro: Editora IIPC, 1990.

VIEIRA, Waldo. *Projeciologia*: panorama das experiências da consciência fora do corpo humano. 4. ed. Rio de Janeiro: Editora IIPC, 1999.

VIEIRA, Waldo. *Projeções da consciência*. 4. ed. Rio de Janeiro: Editora IIPC, 1992.

WAMBACH, Helen. *Recordando vidas passadas*. São Paulo: Pensamento, 1978.

WAMBACH, Helen. *Vida antes da vida*. Rio de Janeiro: Livraria Freitas Bastos, 1988.

WHITTON, Joel; FISCHER, Joe. *Vida transição vida*. São Paulo: Pensamento, 1986.

WILLIS-BRANDON, Carla. *Um último abraço antes de partir*: esclarecendo as misteriosas visões no leito de morte. São Paulo: Butterfly, 2003.

NEOLOGISMOS E DEFINIÇÕES

Amizade raríssima é o sentimento fiel, recíproco, de afeição, simpatia, estima.

Amparador extrafísico é a consciex benfazeja e auxiliadora de consciência humana (conscin) ou de várias consciências humanas ao mesmo tempo, quando afins ao nível de evolução, notadamente durante as projeções extrafísicas, abrangendo a influência benéfica em toda a vida intrafísica da personalidade e até mesmo durante o estado da vigília física ordinária (*Enciclopédia da Conscienciologia*, 2012, p. 445).

Autobilocação consciencial é ato de o(a) projetor(a) intrafísico encontrar e contemplar o próprio corpo humano cara a cara, estando a sua consciência fora dele, sediada em outro veículo de manifestação consciencial (*Projeciologia*, 2009, p. 123).

Autopermeabilidade extrafísica é a qualidade do psicossoma pela qual a consciência projetada por esse veículo, e muitas consciexes junto à vida extrafísica na Terra, passa através dos corpos sólidos, tanto formas físicas densas, troposféricas, quanto certas formações nativas ao ambiente extrafísico (*Projeciologia*, 2009, p. 617).

Baratrosfera é a dimensão extrafísica patológica da paratroposfera terrestre, usada como domicílio coletivo de consciexes anticosmoéticas, doentias, parapsicóticas e para comatosas (*Enciclopédia da Conscienciologia*, 2012, p. 1853).

Buscador borboleta é a conscin, homem ou mulher, indefinida sob a condição vulgar ou medíocre quanto ao próprio caminho evolutivo, saltando, o tempo todo, de certa linha de conhecimento para outra, sem se fixar na procura de algo satisfatório, com discernimento, de modo consensual cosmoético, na melhor situação para si própria, dentro do caminho libertário das consciências, sendo, em princípio, neutra quanto à evolução consciencial e à Cosmoética (*Homo sapiens reurbanisatus*, 2003, p. 604).

Catalepsia projetiva é o estado psicofísico caracterizado pelo enrijecimento dos membros, insensibilidade, respiração lenta e impossibilidade passageira de a consciência intrafísica lúcida mover o corpo humano estando sediada conscientemente dentro dele, em razão de uma dissociação entre a sensibilidade e as faculdades motoras (*Projeciologia*, 2009, p. 130).

Consciex é a Consciência Extrafísica.

Conscin é a Consciência Intrafísica.

Dessoma é a desativação e o descarte do corpo humano com a ruptura do cordão de prata, voltando a conscin à sua condição de consciex, ainda com o holochacra, o psicossoma e o mentalsoma na condição de seus veículos de manifestação; passagem da conscin do estado intrafísico para o estado extrafísico (*Projeciologia*, 2009, p. 327).

Elasticidade extrafísica é a propriedade que apresenta o psicossoma (no caso, dos seres humanos), quando submetido à ação da vontade da conscin projetada por esse veículo, de se deformar como instrumento de manifestação e, em seguida, retornar à forma primitiva, original, sendo esta em geral humanoide (*Projeciologia*, 2009, p. 619).

Epicon lúcido é o epicentro consciencial, a conscin-chave, homem ou mulher, autoconstituída qual eixo fulcral de lucidez, minipeça de maximecanismo interassistencial, multidimensional, cosmoético, por meio da autoconsciencialidade avançada ou, por exemplo, do desenvolvimento ativo da oficina extrafísica (ofiex) dentro do Tenepessismo (*Enciclopédia da Conscienciologia*, 2012, p. 3685).

Estado vibracional (EV) é a condição técnica de dinamização máxima das energias do energossoma, além das vibrações lentas do soma, por meio da impulsão da vontade e Parametodologia específica, a fim de manter a Paraprofilaxia na autovivência cosmoética, evolutiva, da consciência (*Enciclopédia da Conscienciologia*, 2012, p. 3823).

Evoluciologia é a especialidade da Conscienciologia aplicada aos estudos da evolução das consciências abordada de modo integral, holossomático, multiexistencial, multidimensional, em alto nível, matéria específica do orientador evolutivo, orientólogo, evoluciólogo ou parageneticista (*Enciclopédia da Conscienciologia*, 2012, p. 3941).

Extrapolação é extrapolacionismo é o estudo aplicado às experiências de extrapolações ou antecipações evolutivas, esporádicas, obviamente não habituais nem rotineiras, da consciência em qualquer nível evolutivo, em relação ao próprio nível atual, o imediatamente superior ou outro ainda mais avançado (*Enciclopédia da Conscienciologia*, 2012, p. 4052).

Holocarmalogia é a especialidade da Conscienciologia aplicada a estudos e pesquisas da conta-corrente holocármica da consciência em evolução, abarcando a egocarmalidade, a grupocarmalidade e a policarmalidade (*Homo sapiens pacificus*, 2007, p. 188).

Morfopensene é a formação mental modelada e organizada pela energia e o dinamismo do pensamento (autopensenes), guiada pela vontade e enriquecida pela imaginação da consciência tanto intrafísica quanto extrafísica (*Homo sapiens reurbanisatus*, 2003, p. 252).

Paracabeça, por exemplo, indica algo que está além de; e aqui é usado para designar os membros extrafísicos do veículo mais sutil do que o corpo humano da consciência o psicossoma que, em sua forma humanoide, serve de modelo morfológico para o corpo humano.

Parapsicose pós-dessomática, ou pós-somática, é aquela condição em que a consciência já perdeu o seu corpo humano, mas pensa, sente e julga que ainda prossegue vivendo dentro dele e com ele (*Nossa Evolução*, 2010, p. 84).

Pensene é a unidade de manifestação prática da consciência, segundo a Conscienciologia, considerando o pensamento ou ideia (concepção), o sentimento ou a emoção, e a energia consciencial em conjunto, de modo indissociável (*Homo sapiens pacificus*, 2007, p. 208).

Princípio da Descrença é a proposição fundamental e insubstituível da abordagem da Conscienciologia às realidades, em geral, do cosmos, em qualquer dimensão, recusando a consciência pesquisadora e refutadora todo e qualquer conceito de modo apriorista, dogmático, sem demonstração prática ou reflexão demorada, confronto da causação, lógica e plenitude da racionalização pessoal.

Proéxis é a programação existencial, evolutiva e pessoal da conscin, estabelecida.

Segunda dessoma é a desativação e descarte do holochacra incluindo a retirada dos resquícios do cordão de prata e da aura relativa ao holochacra, ficando a consciência extrafísica no mentalsoma, bem como no psicossoma que apresenta a sua própria aura (*Projeciologia*, 2009, p. 331).

Seriéxis é a condição da seriação existencial evolutiva do princípio consciencial vital em vida humana, ou na intrafisicalidade, por intermédio da Genética, somas, mesologias e Socins múltiplas, consecutivas (*Homo sapiens pacificus*, 2007, p. 584).

Sons intracranianos são ruídos de difícil caracterização percebidos somente pela consciência ao se projetar, quase sempre provenientes do próprio crânio, seja intra ou extra cerebralmente, no instante exato da decolagem ou interiorização lúcida por meio do psicossoma (*Projeciologia*, 2009, p. 512).

Tenepes (Tarefa Energética Pessoal) é a transmissão de energia consciencial (EC), assistencial, individual; programada com horário diário, da consciência humana, auxiliada por amparador ou amparadores; no estado da vigília física ordinária; diretamente para consciexes carentes ou enfermas, intangíveis e invisíveis à visão humana comum; ou conscins projetadas, ou não, próximas ou a distância, também carentes ou enfermas (*Manual da Tenepes*, 2011, p. 11).

Trafar é o traço-fardo da personalidade da conscin, componente negativo da estrutura do microuniverso consciencial, capaz de impedir-lhe a evolução autoconsciente (*Homo sapiens pacificus*, 2007, p. 497).

Trafor é o traço-força da personalidade da conscin, componente positivo da estrutura do microuniverso consciencial, capaz de impulsionar-lhe a evolução autoconsciente (*Homo sapiens pacificus*, 2007, p. 496).